Moses Mendelssohn

rowohlts monographien
begründet von Kurt Kusenberg
herausgegeben von Wolfgang Müller
und Uwe Naumann

Moses Mendelssohn

Dargestellt von Stephen Tree

Rowohlt Taschenbuch Verlag

Umschlagvorderseite: Ölgemälde von Anton Graff, 1771 nach dem Lavater-Streit (siehe Kapitel «Schlingen») entstanden. Der zweiundvierzigjährige Mendelssohn ist von Krankheit gezeichnet; die Haare unter der schwarzen Perücke sind kurz geschoren oder abrasiert.

Umschlagrückseite: Mendelssohn-Gedenkmünze von 1774. Das Porträt wird als besonders ähnlich bezeichnet.
«Gott nachahmen, / heißt, / So, wie Er, das Gute lieben, / weil es gut ist; Nicht, weil es Gott befohlen. /
Berlin, den 20. Dec. 1785 – Moses Mendelssohn»

Seite 3: Grisaille der als aufsehenerregend empfundenen Büste von Joseph Friedrich August von Darbès von 1786. Zwanzig Freunde hatten je zwanzig Goldgulden für die 1785 vom Hofbildhauer Tassaert fertiggestellte Büste gespendet.

Originalausgabe
Veröffentlicht im Rowohlt Taschenbuch Verlag, Reinbek bei Hamburg, März 2007

Umschlaggestaltung any.way, Wiebke Jakobs, nach einem Entwurf von Ivar Bläsi
Redaktionsassistenz Katrin Finkemeier
Reihentypographie Daniel Sauthoff
Layout Gabriele Boekholt
Satz PE Proforma *und* Foundry Sans *PostScript, InDesign CS2 4.0.2*
Gesamtherstellung Clausen & Bosse, Leck
Printed in Germany
ISBN *978 3 499 50671 0*

INHALT

Marmorbüste von Jean Pierre Antoine Tassaert, 1785. Von Nazis durch gezielte Pistolenschüsse beschädigt, überstand sie den Krieg in einem Kellerversteck und steht heute vor der Bibliothek der Jüdischen Gemeinde zu Berlin.

Kindheit und Jugend

Er war ein Kind des Umbruchs. Einer Zeit, in der sich die Welt und die deutsche Judenheit, der er entstammte, nachhaltig veränderten. Fast alles, was er ganz selbstverständlich unternahm und tat, von der Barttracht, für die er sich entschied, über das Erlernen klassischer und moderner Sprachen bis zu seiner eingehenden Beschäftigung mit weltlichen Wissenschaften wie Mathematik, Astronomie und Philosophie, wurde aus jüdischer wie nichtjüdischer Sicht bei einem Juden als revolutionär empfunden. Von Temperament und Geisteshaltung her ein Mann des Ausgleichs, des Zusammendenkens, der Verständigung, hat er diesen Umbruch im Großen weitergeführt und befördert – durch seine Werke, die ihn zu einem der meistgelesenen Vertreter der Geisteshaltung machten, die sich stolz «Aufklärung» nannte, und durch das eigene glanzvolle Beispiel. Ein sich offen und ausdrücklich zu seiner Religion bekennender Jude, aus ärmlichen Verhältnissen stammend, klein gewachsen und bucklig, der zu einem führenden Denker Berlins, Preußens und Europas wird: Moses, Sohn des Mendel aus Dessau, oder, wie er sich mit selbstgeprägtem Nachnamen bezeichnete – eine Neuerung auch dies, bis dahin pflegten sich Juden über den Herkunftsort zu identifizieren – Moses Mendelssohn, 1729–1786.

Nach so manchen barbarischen Jahrhunderten […] hat die Weltweisheit endlich bessere Tage erlebt. Alle Theile der menschlichen Erkenntnis haben durch eine glückliche Beobachtung der Natur ansehnliche Progressen gemacht. […] Ich habe […] der Vorsehung zu danken, daß sie mich in diesen glücklichern Tagen hat gebohren werden lassen.[1] Im 18. Jahrhundert – das sich, Isaiah Berlin zufolge, wie eine Barriere zwischen uns und die vorigen Zeiten schiebt[2]; wo, was uns als selbstverständliche Errungenschaft der westlich-abendländischen Kultur erscheint, entsteht oder entscheidende Impulse bekommt: Vertrauen auf eigene Einsicht und Vernunft, bürgerliche Freiheiten, Trennung von Staat und Kirche, technisch-naturwissenschaftliches Denken, um Fortschritt bemühte Medizin, eine sich auf Presse und Publikationen stützende öffentliche Meinung – *[...] nunmehr wundern wir uns, wie man vormals auf einem so ebnen Wege habe straucheln können. Wir bedenken aber den Aufwand nicht, den es gekostet, diesen Steig durch die Wildniß so zu ebnen.*[3] Im «philosophischen Zeitalter», dessen Träger der festen Überzeugung sind, durch vernünftigen Einsatz ihres Verstandes die Rätsel der menschlichen Existenz ebenso klar und eindeutig lösen zu können, wie dies Newton eine Generation zuvor mit den Rätseln des Universums gelungen war.[4] Bis der *alles zermalmende Kant*[5] (eine Mendelssohn'sche Prägung) durch ebendieses vernünftige Denken die Grenzen desselben aufzeigt – und damit, ungewollt, der Aufklärung selbst.

Juden waren in Deutschland schon vor der Völkerwanderung ansässig gewesen. Nach dem Verlust der eigenen Heimat im Jahre 70 über das ganze römische Weltreich verteilt, hatten sie noch vor der Jahrtausendwende in den aufblühenden Städten des Rheintals ihr Auskommen gesucht. Dessen Umgangssprache sie übernahmen und, im analphabetischen Mittelalter, in hebräischen Buchstaben notierten, was zur Entstehung des von Mendelssohn als *jüdischdeutsche Mundart*[6] bezeichneten Jiddischen führte, das in zwei Varianten gesprochen wird: im damaligen Polen als «Ostjiddisch» und als das dem deutschen Sprachgebrauch näherstehende «Westjiddisch», mit dem Mendelssohn aufwächst.

Wie im übrigen Europa waren die deutschen Juden im Laufe des Mittelalters schweren Unterdrückungen ausgesetzt und an den unteren Rand der Gesellschaft gedrängt worden. Doch hatte man sie nur aus den protestantischen Gebieten ganz vertrieben. Und im 17. Jahrhundert nehmen auch protestantische deutsche Fürsten «Hofjuden» in ihre Dienste, die ihrerseits jüdische Mitarbeiter mitbringen, wodurch es an vielen Orten zu Neuansiedlungen kommt, darunter im kleinen Anhaltiner Fürstentum mit seiner unweit von Wittenberg gelegenen Hauptstadt Dessau. *Ich bin im Jahre 1729 (den 12. Ellul [5]489 [6. September] nach jüdischer Zeitrechnung) zu Dessau geboren. Mein Vater war daselbst Schulmeister und Zehngebotschreiber oder Sopher.*[7] (Mendelssohns erster Grabstein weist das hebräisch geschriebene Geburtsjahr «1728» auf, was zu Überlegungen geführt hat, er könne sich bei der Angabe seines Geburtsdatums geirrt haben – weswegen man gelegentlich die Eintragung «1728» findet.)

Der deutsch-jüdische Historiker Heinrich Graetz hat die erste Hälfte des 18. Jahrhunderts als Epoche der «Verwilderung» bezeichnet.[8] Eine Zeit, in der sich die deutschen Juden neuen, von den Betroffenen meist nur als Störung des Hergebrachten empfundenen Umständen anpassen müssen, während die bisherigen sozialen Auffangmechanismen der jüdischen Gemeinden (Wohltätigkeit, Spenden) immer weniger greifen. Einige werden reich, viele arm. Da das Aufenthaltsrecht einer jüdischen Familie an deren Einkommen gebunden ist, bilden sich Gruppen von jüdischen Bettlern, die von Ort zu Ort ziehen. Manchmal werden sie kriminell, was sich negativ auf den ohnehin unsicheren Status der anderen Juden auswirkt.

Mendelssohns Eltern sind dem Schlimmsten entgangen, indem der Vater als «Schulklopfer» untergekommen ist, als Synagogendiener – eine wenig angesehene, schlecht bezahlte Tätigkeit, aber ein Auskommen. Später bringt er es zum Kleinkinderlehrer und zum *Sopher* – dem Schreiber, dessen Frömmigkeit und Genauigkeit die Verfertigung der Heiligen Schrift und der kleinen Pergamentrollen obliegt, welche die Frommen an ihren Türpfosten befestigen und in den Kapseln der Gebetsriemen täglich an den Arm und um den Kopf binden. Es zeugt von der Unordnung der Zeiten (oder einer großen Liebe), dass der Mann, über dessen Herkunft man weiter

Mendelssohns Geburtshaus in der von der Familie gemieteten hofseitigen Haushälfte. Zu Mendelssohns Zeit war die Giebelfront durch ein anderes Haus zugebaut und der Hof ungepflastert.

nichts weiß, als dass er ein «Zugereister» ist, eine Frau bekommt, die aus einer altberühmten Familie stammt und mit den Honoratioren der Gemeinde verwandt ist: Rachel Sara Wahl. Ihr ungebräuchlicher Beiname verweist auf eine sagenhafte Wahlnacht im 16. Jahrhundert, als die Polen aus juristischen Gründen dringend einen König brauchten und sich auf keinen einigen konnten, weswegen sie eine Nacht lang einem Vorfahren von Rachel Sara, dem legendären Saul Wahl (ca. 1545–1617), die Krone aufgesetzt haben sollen. Ein anderer bedeutender Ahne der Mutter (und möglicher Namensgeber) ist Moses Isserles aus Krakau (ca. 1525–1572), ein wichtiger Gesetzeskommentator.

Menachem Chaim, jiddisch Mendel Heymann, ist bei der Geburt seines Sohnes Moses – jüdischdeutsch «Mausche» – schon siebenundvierzig Jahre alt. *Er ist ein Mann aus der alten Welt, und hat seine besondere Grillen.*[9] Es gibt zwei ältere Geschwister – einen Bruder, Saul, und eine Schwester, Jente.

Ein Erlebnis hat sich aus Mendelssohns Kindheit erhalten. Aus der sorgfältig recherchierten hebräischen Biographie von Isaak Euchel (1756–1804) von 1788: «Sogar in den Wintertagen stand sein Vater früh auf, um ihn in die Schule zu bringen. Da er erst ein siebenjähriger Knabe war, zart von Gemüt und Natur, trug er ihn auf seinen Schultern, eingehüllt in seinen Mantel, um drei oder vier Uhr morgens, nachdem er ihm ein wenig warmen Tee zu trinken gegeben hatte.»[10]

Jüdische Jungen wurden in der Regel mit fünf Jahren eingeschult – man hielt nichts davon, dass sie beim Vater lernten. Der Schulunterricht war streng; die Kinder blieben fast den ganzen Tag in der Schule und bereiteten sich abends auf die Lektionen des nächsten Tages vor.[11] Wie überliefert, hat Mendelssohns erster Lehrer Hirsch dessen Hochbegabung früh erkannt und nach Kräften gefördert. Die zehnjährigen Schüler hatten die Bibel dann so weit durchgearbeitet, dass sie sich dem Talmudstudium widmen konnten, wofür sie einem anderen Lehrer zugeteilt wurden, gleichsam in die Oberstufe wechselten.

Mendelssohns zweiter Lehrer wird David Fränkel (ca. 1704–1762), ein weitläufiger Verwandter und seit 1737 Oberrabbiner von Dessau. Fränkel ist jung – Dessau seine erste Stelle – und ein bahnbrechender Gelehrter, der wichtige Werke der jüdischen Geistesgeschichte neu herausgibt und kommentiert. Er gilt als leidenschaftlicher, seine Schüler fordernder und fördernder Lehrer. In einer Zeit, wo Beleuchtung teuer und selten ist, stellt er seinen Eleven nachts die eigene helle Studierstube zur Verfügung – mitsamt ihrer vorzüglichen Bibliothek und ausreichend heißem Tee, was sich einer solchen Beliebtheit erfreut, dass die Schüler einander in Schichten abzulösen pflegen.

Der Rabbi selbst steht bereits um Mitternacht auf, um eigene Arbeiten zu betreiben – darunter Neuausgaben des großen mittelalterlichen Religionsphilosophen Maimonides, dessen «Führer der Verirrten» (oder «Unschlüssigen») Fränkel neu herausgibt, nachdem dieses wichtige Werk fast zweihundert Jahre nicht mehr erschienen war. Maimonides hatte darin die Vernunft mit der Religion zu versöhnen versucht, was als derart verstörend empfunden wurde, dass das Buch im jüdischen Mittelmeerraum erst ab 25 Jahre zur Lektüre freigegeben war.

Der kaum halbwüchsige Mendelssohn, der das anspruchsvolle, zwei stattliche Bände umfassende hebräische Werk 1742 direkt von der Druckerpresse weg durcharbeitet, führt die starke Verkrümmung seines Rückgrats, die damals in Erscheinung tritt, auf sein hartnäckiges Selbststudium zurück. Außerdem neigt er zum Stottern. Mendelssohn (laut Isaak Euchel): «Maimonides war der Grund zur Entstellung meiner Erscheinung. Er verdarb meinen Leib, und seinetwegen wurde ich schwächlich. Trotz alledem brachte ich ihm große Liebe entgegen, denn er verwandelte viele Stunden meines Lebens vom Leid zur Freude; und wenn er mir auch unabsichtlich Böses antat, indem er meinen Körper schwächte, so machte er es siebenfach wieder gut, indem er durch seine erhabenen Lehren meine Seele heilte.» [12]

Wie gut die Beziehungen des jungen Schülers zu seinem Lehrer sind, geht aus einer hebräischen Widmung in einem alten Band mit rabbinischen Entscheidungen von 1559 hervor, in der der Dreizehnjährige Rabbi Fränkel literarisch geschickt in Form klassischer rabbinischer Verehrungsformeln preist – wahrscheinlich ein Geschenk des Schülers an den Lehrer. Mendelssohn steht damals wenige Monate vor seinem dreizehnten Geburtstag, wo ein jüdischer Knabe zum ersten Mal zur Schrift gerufen wird und religiös als volljährig gilt. Ein Alter, in dem jüdische Knaben aus wenig bemittelten Familien anfangen müssen, ihren Lebensunterhalt zu verdienen – was, wenn kein elterliches Vermögen vorhanden ist, durch Hausieren zu erfolgen hat. Ein mühsamer, verachteter Brot-

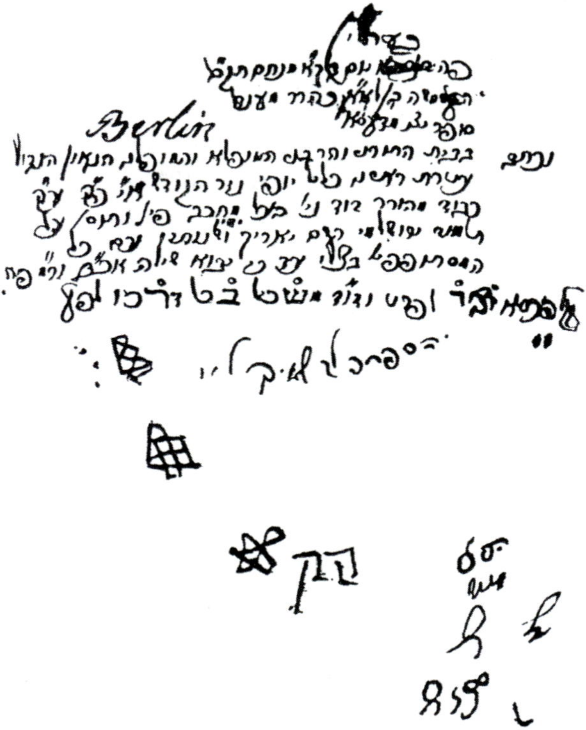

Die am 2. August 1742 in Dessau verfasste und in Berlin korrigierte Widmung eines Responsenbuches von 1559 durch den Dreizehnjährigen an seinen «ehrwürdigen Lehrer, den Rabbi David». Die schräg darunter verlaufende, unbeholfene Eintragung «Dieses Buch gehört mir» wird, wie die anschließenden Unterschriftenversuche, aus früheren Zeiten stammen.

erwerb, der gleichwohl für den Waren- und Güteraustausch von entscheidender Bedeutung ist. *Der geringste Handelsjude ist in dieser Betrachtung kein bloßer Verzehrer, sondern ein nützlicher Einwohner (ich darf nicht sagen, Bürger) des Staats, ein wirklicher Hervorbringer.*[13] Doch trotz ihres beschränkten Einkommens haben die Eltern beiden Söhnen eine Ausbildung zum Talmudisten ermöglicht, vielleicht auf Kosten der Schwester, die ohne Mitgift keinen Mann fand, jedenfalls unverheiratet starb.

Durch unermüdliches Fragen überzeugte er sich bei seinen Vorträgen von dem Eifer und dem Grade der Vorbereitung, die er auf das Strengste forderte. Wie hast du dieses, wie jenes aufgefasst, was bemerken die Erklärer zu dieser Schwierigkeit, wie bist du über diese Stelle hinweggekommen, so und ähnlich lauteten die Fragen, mit denen er unermüdlich seinen Vortrag unterbrach [...]. Der Eifer, seine Schüler mit sich emporzuheben, war so stark in ihm, dass der sanfte Mann zu tätlicher Strenge sich hinreissen liess, wenn er Einen oder den Anderen auf einer Flüchtigkeit ertappte. Selbst die Verpflegung für eine Woche wurde strafweise den Unfleissigen entzogen.

Abraham ben Joseph ben Aron über seinen Lehrer
David Fränkel, «Lebenserinnerungen», 1782

Es muss ein ziemlicher Schock gewesen sein, als Rabbi Fränkel zum Rabbiner der Jüdischen Gemeinde in Frankfurt/Oder berufen wird und am 10. Juni 1743 Dessau verlässt. Einer mehrfach überlieferten Anekdote zufolge wollte Mendelssohn unbedingt von Fränkel mitgenommen werden, «welches dieser aber deshalb abgelehnt, weil der Knabe kränklich und verwachsen gewesen sey. M. M. sey indessen am Tage der Abreise ein paar Meilen vorausgegangen, habe Hrn. F. am Wege erwartet, und seine Bitte so beweglich wiederholt, dass dieser ihn mitgenommen habe.»[14] Mendelssohn wurde wohl kaum spontan von Fränkel mitgenommen – aber dass es beträchtlicher Willenskraft bedurfte, ehe Eltern und Rabbiner dem vierzehnjährigen Knaben von zarter Gesundheit ein Leben als Bettelstudent in der Fremde zuzumuten bereit waren, ist anzunehmen.

David Fränkel rückt wenige Tage nach seiner Ankunft in Frankfurt/Oder infolge eines Todesfalls zum Oberrabbiner von Berlin und Frankfurt/Oder mit Amtssitz Berlin auf. Im Herbst 1743, nach den hohen jüdischen Feiertagen, reist ihm der junge Talmudschüler nach. Wie immer er die 140 Kilometer zurückgelegt haben mag – der Sage nach in fünf Tagesmärschen –, es ist ein Aufbruch aus einer kleinen jüdischen Gemeinde in die große Welt, aus einem Zwergfürstentum ins aufstrebende, erst seit wenigen Jahrzehnten als Königreich geltende Preußen.

Das seit 1740 vom nun einunddreißigjährigen Friedrich II. (1712–1786) regiert wird, der wie der Inbegriff der Aufklärung wirkt – mit ihren großen Errungenschaften und Widersprüchen: ein ernst zu nehmender politischer Denker, Verfasser eines «Antimachiavell», bedeutender Verwaltungs- und Gesetzesreformer, der die Folter in Preußen abschafft – und alles daransetzt, die abgelegene deutsche Provinz durch eine Reihe blutiger, kostspieliger und risikoreicher Angriffskriege in eine Großmacht zu verwandeln. Wie viele Herrscher seiner Zeit ist er ein Anhänger des «Merkantilismus», der möglichst viele Güter aus- und möglichst wenige einführen will. Er versucht, zwei Prestige-Industrien des 18. Jahrhunderts in Preußen aufzubauen, die Porzellanherstellung und die Seidenindustrie (von Letzterem wird Mendelssohn profitieren, während Ersteres die Juden Preußens viel Geld kosten soll). Als Verehrer Voltaires, des bedeutenden Denkers und sprachgewaltigen Spötters – und erklärten Verächters der jüdischen Minderheit (mit der Einschränkung, dieselbe nicht auf den Scheiterhaufen schicken zu wollen) – hat Friedrich II. für Juden wenig übrig und führt noch strengere Judengesetze als sein Vater ein. Da er jedoch zur Deckung der Kriegskosten auf jüdische Hilfe und Wirtschaftskraft angewiesen ist, erteilt er zugleich, gegen die eigenen Prinzipien, zahlreiche Ausnahmegenehmigungen [15], was den preußischen Juden einen komplizierten Schwebezustand beschert, der, verbunden mit der tatsächlich herrschenden religiösen Toleranz, Preußen aus jüdischer Sicht zu einem begehrten Einwanderungsland macht.

Reisen ist damals nicht einfach, schon gar nicht für Juden, die mit demütigenden und umständlichen Sonderbestimmungen zurechtzukommen haben. So dürfen sie Berlin nur durch ein oder zwei seiner vierzehn Tore betreten – mit entsprechenden Umwegen (laut der neuen Judenordnung von 1750 durch das Dessau näher gelegene Hallesche Tor im Süden und das dem Rosenthaler Tor benachbarte Prenzlauer Tor im Norden). Der Überlieferung nach kam Mendelssohn 1743

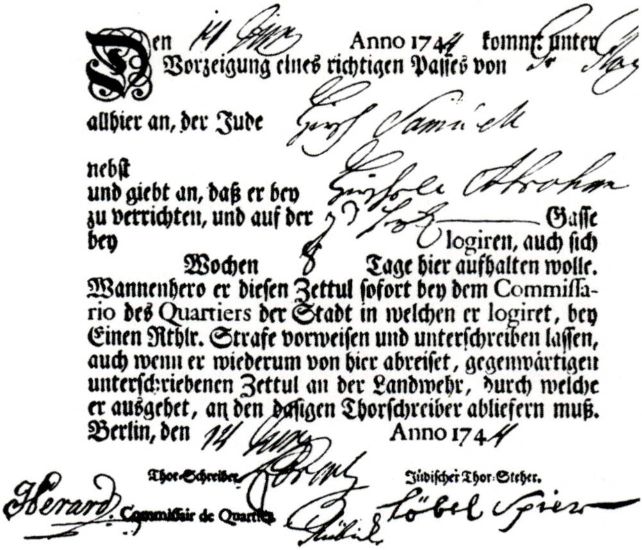

Den Anno 1744 kommt unter Vorzeigung eines richtigen Passes von allhier an, der Jude nebst und giebt an, daß er bey zu verrichten, und auf der Gasse bey logiren, auch sich Wochen 8 Tage hier aufhalten wolle. Wannenhero er diesen Zettul sofort bey dem Commissario des Quartiers der Stadt in welchen er logiret, bey Einen Rthlr. Strafe vorweisen und unterschreiben lassen, auch wenn er wiederum von hier abreiset, gegenwärtigen unterschriebenen Zettul an der Landwehr, durch welche er ausgehet, an den dasigen Thorschreiber abliefern muß.
Berlin, den Anno 1744

Thor-Schreiber

Jüdischer Thor-Steher.

Herard Commissair de Quartier

Löbel Spier

Da die Ämter in der jüdischen Gemeinde in der Regel lebenslang besetzt wurden, könnte der Passierschein des jungen Mendelssohn vom selben jüdischen «Thor-Steher» Löbel Spier unterzeichnet worden sein.

durchs Rosenthaler Tor, wo er, wie jeder Jude, das Examen eines jüdischen «Thor-Stehers» bestehen muss, der im Auftrag der Jüdischen Gemeinde, die selber um ihre Aufenthaltsrechte fürchtet, darauf zu achten hat, dass keine jüdischen Hungerleider in die Stadt einwandern (die letzte Massenausweisung hat vor sechs Jahren, 1737, unter dem Vater von Friedrich II. stattgefunden). Auf die Frage, was er wolle, soll Mendelssohn geantwortet haben: «Lernen.» Wohin? «Zu Rabbi David Fränkel.» [16]

Unter den etwa 100 000 Einwohnern Berlins leben 1750 gut 2000 Juden [17], die damals in sechs Kategorien eingeteilt werden: die winzige Gruppe der schwerreichen «Privilegierten», die samt Frauen und Kindern in Bezug auf Handel und Grundeigentum Christen gleichgestellt sind; die zweite Klasse der «gewöhnlichen Schutzjuden», die nur über ein ortsgebundenes Aufenthaltsrecht verfügen, das sie an einen Sohn oder eine Tochter weitervererben dürfen (an weitere Kinder nur bei Nachweis progressiv höherer Vermögenswerte). Die dritte und vierte Klasse besteht aus «außerordentlichen Schutzjuden» – selbständigen Berufen wie Ärzten, Malern, Graveuren oder Optikern sowie den Angestellten der Jüdischen Gemeinde. Ihr Aufenthaltsrecht ist an die Person gebunden und erlischt mit deren Tod. Ihre Frauen und Kinder gehören zur fünften Klasse, den «Tolerierten». Darunter steht die sechste Klasse der jüdischen «Privatdienstboten», deren Bleiberecht an ihren Arbeitsplatz gebunden ist und die theoretisch nicht heiraten, jedenfalls keine Kinder «ansetzen» dürfen.[18] Juristisch nicht erfasst sind zugewanderte Talmudstudenten wie der kleine Moses aus Dessau, deren Bleiberecht vom augenblicklichen Wohlwollen der jüdischen Amtsträger

Die 1714 auf dem Grundstück des ehemaligen Henkerhäuschens an der Heidereutergasse errichtete große Synagoge in Berlin, in der Mendelssohn regelmäßig betete.
Lavierte Aquatintazeichnung von Leopold Ludwig Müller, 1821

abhängt – die wiederum auf die politische Großwetterlage zu achten haben.

David Fränkel ist zwar als Oberrabbiner offiziell nicht mehr fürs Unterrichten zuständig [19], aber er verschafft seinem Dessauer Schüler einen Platz an der erst 1742 gegründeten Talmudschule und bringt ihn gut unter: in der Dachkammer des als «großzügig und gutherzig» beschriebenen Ehepaars Chaim und Gella Bamberger an der Probstgasse hinter der Nikolaikirche. Die Bambergers bieten ihrem Gast gleich zwei «Freitische» oder Gratismahlzeiten pro Woche, und am Sabbat wie an den Feiertagen ist er bei Rabbi Fränkel eingeladen, der ihn zusätzlich mit Abschreibeaufträgen über Wasser hält. Immer scheint es nicht geklappt zu haben. Isaak Euchel: «[...] wenn er in solche Not geriet, kaufte er einen Laib Brot und kreuzte auf dem Laib die Zahl der Mahlzeiten und der Tage an, um zu wissen, wie weit es für ihn reiche, und aß nicht gemäß seinem Hunger, sondern soweit es ausreichte.» [20] Um seine Kleider wird es ebenfalls nicht zum Besten gestanden haben; Mendelssohn hat später erzählt, wie sehr ihn der Fund eines Zwanziggroschenstücks auf der Straße freute, das ihm erlaubte, zu einer Festtagseinladung mit reinem Hemd zu erscheinen.[21]

Noch größere Willenskraft erfordert die Beschaffung geistiger Nahrung – soweit sie denn über den Bereich des traditionellen religiösen Wissens hinausgeht. Einerseits ist in den religiösen Kreisen, in denen Mendelssohn sich bewegt, weltliches Wissen verpönt, andererseits sind sich gerade die Juden Deutschlands der Bedeutung der großen geistigen Umwälzungen der letzten Jahrzehnte sehr wohl bewusst. Der bekannte Rabbiner Jonathan Eibenschütz (1690–1764), der später überlegen wird, Mendelssohn die Rabbinatsbefugnis zu erteilen, befindet, seiner Neigung zum Mystizismus ungeachtet, «dass die ‹äußeren [weltlichen] Wissenschaften› [...] logisch, lehrreich, klar und witzig» [22] sind, und bezieht neue naturwissenschaftliche Erkenntnisse ganz selbstverständlich in sein religiöses Weltbild mit ein. (So wird für Rabbi Eibenschütz die Existenz einer Landbrücke zwischen Amerika und Europa dadurch bewiesen, dass Noah von jeder Tierart ein Paar mitführte. Wie anders als über eine Landbrücke hätten die Tiere nach der Sintflut nach Amerika gelangt sein können?)[23] Sein großer Gegenspieler, der in Hamburg amtierende Rabbiner Jakob Emden (1697–1776), mit dem Mendelssohn später lange und intensiv korrespondieren wird, hat den eigenen Zwiespalt dadurch gelöst, dass er das Studium weltlicher Bücher zumindest fürs Klo (wo die Beschäftigung mit Heiligem verboten ist) empfiehlt, «weil sie die Dinge unserer Tage betreffen»[24].

Von gewöhnlichen jüdischen Amtsträgern ist so viel Differenzierungsvermögen nicht zu erwarten. Ein drei Jahre jüngerer Schulkollege, Bleichröder (dessen Nachfahren als Bankiers Karriere machen werden): «Ich kam im Jahre 1746 als armer 14-jähriger Knabe nach Berlin und fand Moses Mendelssohn in der Lehranstalt für den Talmud. Dieser gewann mich lieb, unterrichtete mich im Lesen und Schreiben [der lateinischen resp. deutschen Schrift] und teilte oft mit mir sein kümmerliches Brot. Aus Dankbarkeit war ich ihm durch kleine Dienstleistungen behilflich, und so schickte er mich unter anderm irgend wohin, um ein deutsches Buch zu holen. Mit diesem Buche in der Hand begegnete mir ein jüdischer Armenverweser, der mich mit den Worten anfuhr: Was hast du da? Wohl gar ein deutsches Buch? Sogleich riß er mir das

Die Juden leben größtentheils von der Handlung. Die reichsten Häuser haben verschiedene nützliche Fabriken und Manufakturen angelegt; sie haben auch Antheil an den hiesigen Handlungskompanien, und führen ansehnliche Wechselbanken. Die übrigen führen einen Ausschnitthandel mit allerhand Waaren, und dürfen offne Läden haben. [...] Die freyen Künste sind ihnen erlaubt; und es giebt unter ihnen einige Maler, Stempelschneider, und Pettschierstecher. Man muss überhaupt von der berlinischen Judenschaft rühmen, daß unter derselben verschiedene Gelehrte, viele Leute vom Geschmacke, und Liebhaber der schönen Wissenschaften angetroffen werden.

Friedrich Nicolai, «Beschreibung der Königlichen Residenzstädte Berlin und Potsdam», 1786

Buch aus der Hand und schleppte mich zum Vogt, dem er den Befehl gab, mich aus der Stadt zu weisen. Mendelssohn, der Kenntnis von meinem Schicksal erhielt, gab sich alle Mühe, meine Rückkehr zu bewirken, allein vergeblich. Er schaffte mir später eine Stelle auf der damaligen Talmudschule zu Halberstadt, und ich verdanke ihm mein zeitiges Wohl.» [25]

Mendelssohn hat mehr Glück. Er studiert bei Israel Zamosc (ca. 1700–1772, auch «Samoscz»), einem aus Polen stammenden, fortschrittsfreundlichen Mann, der in der besten Tradition des jüdischen Mittelalters mathematisches, astronomisches und philosophisches Wissen verbindet und sich nachdrücklich für ein intensives Studium der hebräischen Sprache einsetzt. Durch ihn wird der junge Mendelssohn mit den Schriften des Philosophen und Dichters Jehuda Halevi (1075–1141) bekannt, für Heinrich Heine:

> «Eine wunderbare, große
> Feuersäule des Gesangs
> Die der Schmerzenskarawane
> Israel vorangezogen
> In der Wüste des Exils.» [26]

Mendelssohn findet Freunde wie den nur ein Jahr älteren Medizinstudenten Abraham Kisch (1728–1803), der ihm ein halbes Jahr lang täglich eine Viertelstunde Lateinunterricht erteilt – «und in kurzem kam er, obgleich mit unsäglicher Mühe so weit, daß er Lockens Werke lateinisch lesen konnte. Denn er schlug jedes Wort im Lexikon nach, und schrieb es auf bis ein paar Perioden da waren, alsdenn dachte er über den Inhalt solcher Perioden nach; durch Nachdenken suchte er den Verstand zu errathen, und wenn er ihn gefunden zu haben glaubte, verglich er ihn wieder, so weit seine Kenntniß der lateinischen Sprache reichen wollte, mit dem Wortverstande.» [27]

Der englische Philosoph John Locke (1632–1704) gilt als einer der Gründerväter der Aufklärung. Lockes «Ver-

Das Innere der großen Synagoge. Der große Thoraschrein, der an die 120 Rollen enthielt, wurde an Festtagen mit einem von Friedrich Wilhelm I. gestifteten Vorhang geschmückt. Zeitgenössische Radierung von A. B. Goblin nach Anna Maria Werner über den am 20. April 1718 erfolgten Besuch des Königspaars Friedrich Wilhelm I. und des damals sechsjährigen Friedrich II.

such über den menschlichen Verstand» weist nach, dass die menschliche Erkenntnis nicht angeboren ist, sondern durch Erfahrung erworben wird. Viele überlieferte Annahmen, darunter religiös bedingte Vorurteile, wären hiermit philosophisch unzutreffend. Lockes 1689 anonym in Holland publizierte «Epistola de Toleranzia» fordert ausdrücklich die bürgerliche Gleichstellung von Juden und Mohammedanern.

Zur wichtigsten Figur im Leben des jungen Mendelssohn wird Aron Salomon Gumpertz (1723–1769), dem er etwa sechzehnjährig begegnet. *Ihm allein habe alles zu danken, was ich in Wissen Schaften profitirt habe.*[28] Gumpertz, Sohn eines privilegierten (und entsprechend wohlhabenden) Schutzjuden, ebenfalls Student der Talmudschule, hätte mit den Mitteln seiner Eltern ein bequemes Leben führen können, aber er will nur eins: lernen. Gumpertz bringt seinem Schützling Französisch bei, das er ganz vorzüglich beherrscht, ebenso Englisch, Mathematik und Geometrie, und nimmt ihn zu dem auf Lateinisch gehaltenen Philosophie-Grundkurs des Rektors des Joachimsthalischen Gymnasiums mit. All dies, während sich der junge Talmudstudent ein umfangreiches religiöses Pflichtpensum anuzeignen hat, was er offenbar zur Zufriedenheit seiner Lehrer tut.

1750, nachdem Mendelssohn, in der schönen Formulierung seines Biographen Moritz Kayserling, sieben Jahre in Not und Dürftigkeit um die Wissenschaft und Lehre diente wie Jakob um seine Rahel, stellt ihn der wohlhabende «Schutzjude» und Seidenhändler Isaak Bernhard als Hauslehrer für seine Kinder ein. Damit rückt der Talmudstudent ohne Status in die unterste Klasse der Berliner Judenschaft auf, zu den «Privatdienstboten» – mit einem beschränkten, an den Arbeitsplatz gebundenen, aber staatlich anerkannten Aufenthaltsrecht, einem regelmäßigen Verdienst und ordentlicher Verpflegung. Als Erzieher kann er die eigenen Sprachkenntnisse vertiefen und sich das Wissen seiner Zeit aneignen. Mit einer Ausnahme. *Was nur den Namen von Geschichte hat, Naturgeschichte, Erdgeschichte, Staatsgeschichte, gelehrte Geschichte, hat mir niemals in den Kopf kommen wollen, und ich gähne allezeit, wenn ich etwas historisches lesen muß […].*[29]

Drei Denker vor allem werden für ihn bestimmend:

Baruch de Spinoza (1632–1677), der in Amsterdam aufgewachsene Sohn und Enkel heimlicher Juden, die vor der Inquisition von Portugal nach Holland geflüchtet sind. Ausgehend von den umwälzenden Überlegungen von René Descartes (1596–1650) – dem Mann des «cogito, ergo sum» (ich denke, also bin ich) –, hat Spinoza ein streng durchdachtes philosophisches System geschaffen, in dessen Mittelpunkt die Vorstellung eines absoluten, alles umfassenden Gottesbegriffs steht. Spätere Generationen werden dies als pantheistisch – «alles ist Gott» – oder gar als atheistisch – «es gibt keinen Gott» – interpretieren.

Gottfried Wilhelm Leibniz (1646–1716), der sich 1676 mit Spinoza persönlich ausgetauscht hat. Das Leibniz'sche Denken ist von einer tiefen Frömmigkeit geprägt; so lässt die Vollkommenheit Gottes für Leibniz keine andere Welt als die «bestmögliche» zu – alle anderen Varianten wären schlimmer.

Christian Wolff (1679–1754), ein Leibniz-Schüler, der das Leibniz'sche Denken in einer Reihe mathematisch anmutender Lehrsätze systematisiert hat, die den gesamten Bereich der menschlichen Erkenntnis abdecken. Daneben ist Wolff ein Vorkämpfer für die Verwendung des Deutschen auch und gerade in philosophischen Texten.

Mendelssohn, der selbst als pragmatischer und elastischer Denker erscheint, hat sich zeitlebens an der konsequenten Systematik Wolffs orientiert. Ermöglicht ihm doch gerade deren (je nach Standpunkt) nüchterne oder trockene Strenge, sein orthodoxes Judentum mit freier philosophischer Spekulation zu verbinden und unter Beibehaltung der eigenen Identität – um eine von ihm gern verwendete Bezeichnung aufzugreifen – zum *Weltweisen* zu werden.

Der Philosoph

1752 erhält Mendelssohns Arbeitgeber, der Seidenhändler Bernhard, die Konzession zur Eröffnung einer Seidenfabrik, die 1754 durch einen staatlichen Kredit von 7000 Talern gefördert wird. Da Bernhards Kinder nun erwachsen sind, stellt der Fabrikdirektor seinen mathematisch versierten Hauslehrer als Buchhalter ein. Der Wechsel von der Studierstube ins Büro fällt dem jungen Gelehrten nicht leicht. *Ein guter Buchhalter ist gewiß ein seltnes Geschöpf. Er verdient die größte Belohnung; denn er muß Verstand, Witz und Empfindung ablegen, und ein Klotz werden, um richtig Buch zu führen. Verdient ein solches Opfer zum Besten der Finanzen nicht die größte Belohnung?*[30]

Ebenfalls 1754 bringt Aron Gumpertz seinen Schützling mit einem jungen, gleichaltrigen Pfarrerssohn zusammen, einem verkrachten Theologie- und Medizinstudenten, der sechs Jahre zuvor wegen einer geplatzten Bürgschaft unter Androhung von Schuldhaft von Leipzig nach Berlin geflohen ist, wo er sich als freier Autor und Übersetzer durchzuschlagen versucht und hinter der Nikolaikirche ein bescheidenes Zimmer im zweiten Stock bewohnt. Ein begeisterter Schachspieler, der in dem jungen Buchhalter einen ebenbürtigen Partner findet: Gotthold Ephraim Lessing (1729–1781).

Da ich, wie Sie wissen, meinen ersten Unterricht in hebräischer Sprache genoß; so war ich gewohnt, jedes merkwürdige Wort, das ich in irgend einer andern Sprache las oder hörte, mir in Gedanken ins Hebräische zu übersetzen. Ich fand kein ächtes altes Wort in dieser Sprache für U n g e f ä h r oder Z u f a l l. Was die Schriftsteller späterer Zeiten dafür zu setzen pflegen, bedeutet ursprünglich vielmehr eine S c h i c k u n g, F ü g u n g, B e g e g n i ß; was eine höhere Macht ohne unser Zuthun uns zuschickt, begegnen läßt, also fast das Gegentheil von Zufall und Ungefähr.[31]

Es ist die Begegnung zweier gegensätzlicher Naturen, die, gerade deswegen, viel Freude aneinander haben und das geistige Kräftemessen im Schachspiel bald durch unerschöpfliche philosophische Diskussionen ergänzen und ablösen. Mendelssohn, seit seinem vierzehnten Lebensjahr auf sich selbst gestellt, ist ein gesellschaftlicher Außenseiter, der sich die aufgeklärte Gegenwartskultur erst zu eigen machen muss; Lessing das Kind einer eng mit dieser Kultur verwachsenen Familie. Sein Großvater, ein Bürgermeister, hatte «Über die Duldung der Religionsgemeinschaften» dissertiert und der Enkel bereits als Zwölfjähriger in einem Aufsatz die Meinung vertreten, dass auch Juden und Mohammedaner gute Menschen sein können.[32] Mendelssohn ist ein Mann der sorgfältigen Überlegung und wohlbedachten Entschlüsse, Lessing ein impulsives, spielerisches Genie. Mendelssohn wird ein Hausvater mit sechs Kindern, der sein erwachsenes Leben auf ein paar Blocks der Berliner Altstadt beschränkt, während Lessing von einem Ort zum anderen zieht und ständig neue Tätigkeitsfelder sucht. Doch als Freund ist er treu. Mendelssohn hat des Öfteren erlebt, wie christliche Bekannte, die seine Nähe gesucht und von seinem Wissen oder seinem Ruhm profitiert hatten, ihn bei Gelegenheit plötzlich und unvermutet fallenließen. Aus einem jüdischdeutschen Brief an die Braut: *Es kann mich nichts so sehr verdrießen, als wenn mir ein Nauzri [Christ] seine Bekanntschaft so teuer an rechnet, und sich im Herzen zu erniedrigen dünkt, wenn er mit einem bar Jißroel [Juden] vertraut ist. So bald ich so was merke, so werde ich trozig.*[33] Nicht so Lessing – *der einzige Mann, an dem ich in mehr als 30 Jahren keine Spur von dieser Gesinnung wahrgenommen, der so allezeit ungetheilten Herzens, ganz sich selbst gleich, ganz mein Freund und Wohlthäter blieb!*[34]

Das zweite Theaterstück des zwanzigjährigen Lessing, die 1749 erschienenen «Juden», handelt von zwei als Juden getarnten bösen Dieben und einem echten edlen Juden, den der Zuschauer erst am Schluss als solchen erkennt. *Die guten Leute,*

Ausschnitt aus dem ersten Stadtplan Berlins mit eingetragenen Hausnummern von 1804:

1. Die große Synagoge, «Judentempel», an der Heidereutergasse
2. Spandauerstraße 68, Haus der Familie Mendelssohn seit Ende 1765.
3. Bischofsstraße 14, Wohnhaus Bernhard, nach 1752 Seidenfabrikzentrale wo Mendelssohn von 1750 bis ca. 1765 wohnte und zeitlebens arbeitete.
4. Probstgasse 3, mutmaßliches Haus der Familie Bamberger, wo Mendelssohn von 1742 bis 1750 eine Dachkammer bewohnte.
5. Nikolaikirchplatz 10, Lessings Unterkunft im 2. Stock von November 1752 bis Frühling 1755.

6. Druckerei Voss, Breite Straße, Ecke Neumansgasse, Ziel von Mendelssohns letztem Ausgang am 31. Dezember 1785.
7. Heiliggeistkirche.

Von den damaligen Gebäuden stehen noch die Nikolaikirche, die Marienkirche, die kleine Heiliggeistkirche und das wiederaufgebaute Lessinghaus (nun Nikolaikirchplatz 7), außerdem ist das Fundament des Eingangsbaus der großen Synagoge zu sehen. Mendelssohns Haus stand am Bürgersteig Spandauer-, Ecke Karl-Liebknecht-Straße, Marienkirchenseite, auf der Höhe des ersten Baums.

wird er bey sich denken, haben doch endlich die grosse Entdeckung gemacht, daß Juden auch Menschen sind.[35]

Am 13. Juni 1754 erscheint in den «Göttingischen Anzeigen von gelehrten Sachen» eine Kritik ebendieses Stücks mit einer Gesamtwürdigung des vielversprechenden jungen Dramatikers von Johann David «Ritter» Michaelis (1717–1791), einem der bedeutendsten deutschen Orientalisten und christlichen Hebraisten seiner Zeit. Ausgerechnet den Juden, «einem Volcke von den Grund-Sätzen, Lebens-Art, und Erziehung, das wircklich die üble Begegnung der Christen auch zu sehr mit Feindschaft oder wenigstens mit Kaltsinnigkeit gegen die Christen erfüllen muss», spricht der gelehrte Kenner fremder Gebräuche die Fähigkeit zum Anstand ab. «Bey den Grund-Sätzen der Sitten-Lehre, welche zum wenigsten der grosse Theil desselben angenommen hat, ist auch eine allgemeinere Redlichkeit kaum möglich, sonderlich da fast das gantze Volck von der Handlung leben muß, die mehr Gelegenheit und Versuchung zum Betruge giebt, als andere Lebens-Arten.»[36]

Mendelssohn, Sohn einer armen jüdischen Familie, der selber um ein Haar Hausierer geworden wäre und als Buchhalter «von der Handlung leben muß», schreibt seinem Freund Gumpertz einen langen, empörten Brief – auf Deutsch. Den dieser an den

Das Klischee vom betrügerischen Juden. Anonymes Gemälde (Ausschnitt), um 1750

gemeinsamen Bekannten Lessing weiterreicht, der das «Zeugniß eines eben so witzigen, als gelehrten und rechtschaffnen Mannes» [37] öffentlich macht. Mendelssohn an Gumpertz:

Ist es nicht genug, daß wir den bittersten Haß der Christen auf so manche grausame Art empfinden müssen; sollen auch diese Ungerechtigkeiten wider uns durch Verleumdungen gerechtfertiget werden?

Man fahre fort uns zu unterdrücken, man lasse uns beständig mitten unter freyen und glückseligen Bürgern eingeschränckt leben, ja man setze uns ferner dem Spotte und der Verachtung aller Welt aus; nur die Tugend, den eintzigen Trost bedrengter Seelen, die einzige Zuflucht der Verlassenen, suche man uns nicht gänzlich abzusprechen. [38]

Gotthold Ephraim Lessing (1729–1781). Mendelssohns «geliebter Freund». Gemälde von Johann Heinrich Tischbein d. Ä., 1760

Auch die erste selbständige deutsche Publikation Mendelssohns geht auf Lessing zurück. Der Sohn Joseph Mendelssohn: «[…] 1755 [eher 1754] gab Lessing dem Mendelssohn eine Abhandlung von Shaftesbury zu lesen. Mendelssohn gab ihm nach einiger Zeit das Buch wieder und antwortete, als Lessing ihn fragte, wie ihm das Buch gefallen habe: ‹Nun ja! recht gut! Aber so etwas kann ich auch machen.› ‹So?› meinte Lessing; ‹nun so machen Sie doch so etwas!› – Mendelssohn brachte ihm nach einiger Zeit ein Manuskript zum Durchlesen. Es währte mehrere Monate, ehe Lessing mit Mendelssohn darüber sprach; und als dieser ihn endlich fragte, ob er das Manuskript gelesen habe, gab Lessing ihm ein Exemplar der Philosophischen Gespräche, welches er hatte drucken lassen. So sah sich Mendelssohn überrascht, und ohne dass er es im geringsten ahnte, als deutscher Schriftsteller eingeführt.» [39]

Nun hat sich Lessing bei Erscheinen der Arbeit nicht in Berlin aufgehalten und Mendelssohn dem Drucker nachweislich Änderungswünsche übermittelt. Doch dass Lessing maßgeblich zur Publikation beigetragen und Mendelssohn in der einen oder anderen Form damit überrascht hat, erscheint plausibel. Und, wichtiger noch, er dürfte, als erfahrener Schriftsteller und guter Freund, das Manuskript durchgesehen haben. Friedrich Nicolai: «Dem vortrefflichen Moses war es anfänglich sehr schwer, sich in deutscher Sprache geschmeidig auszudrücken. Er arbeitete unglaublich, um die Natur dieser Sprache, die ihm gar nicht Muttersprache war, nach und nach recht zu fassen.» [40]

Vier *Philosophische Gespräche* – in denen sich jeweils zwei Partner über den Stand der Gegenwartsphilosophie austauschen und dabei auf Leibniz und vor allem Spinoza Bezug nehmen, dessen Denken und Biographie Mendelssohn immer wieder faszinieren und rühren. *Wie sehr ist sein Schicksal zu betauren! Er war ein Opfer für den menschlichen Verstand; allein ein Opfer, das mit Blumen gezieret zu werden verdient. Ohne ihn hätte die Weltweisheit ihre Grenzen nimmermehr so weit ausdehnen können.* [41]

Die etwa vierzig Seiten umfassenden *Philosophischen Gespräche* werden freundlich aufgenommen, auch von Michaelis, der den von ihm geschätzten Lessing für den Autor hält – bis der ihn umgehend über den wahren Verfasser informiert und zugleich um Wahrung von dessen Anonymität bittet, auf die Mendelssohn um seines Brotberufs willen Wert legt. «Diese Neuigkeit hat uns sein Buch noch weit angenehmer gemacht, als es uns vorhin war, da wir blos auf Sache und Ausdruck sahen, und nicht wußten, aus was vor einer unerwarteten Feder eine so wohl gerathene Schrift geflossen war.» [42] In der Folge führen Mendelssohn und Michaelis einen langjährigen

Briefwechsel, mit vielen Ehrentiteln in den Anreden und umständlichen gegenseitigen Höflichkeitsbekundungen, die die Distanz eher betonen als überwinden – trotz der gelegentlich recht intimen Fragen. Etwa, als sich Michaelis, während er an seinem «Mosaischen Recht» arbeitet, erkundigt, «ob unter Juden Manustupration vorgehe, oder, ob die Beschneidung sie unmöglich mache?».[43] Mendelssohn: *Ich wüßte [...] nicht, wie die Selbstbefleckung schmerzhaft seyn könnte?*[44]

Ungleich gelöster, freundlicher und fruchtbarer entwickelt sich die Beziehung zum Verlegersohn Friedrich Nicolai (1733–1811), die Lessing Ende 1754 vermittelt. Nicolai ist wie Mendelssohn Autodidakt, nur hat er dies, anders als Mendelssohn, nie bedauert: «Herr Moses [...] ist eines der grösten Genies die Deutschland ie gehabt, die Geschichte seiner Zunahme in den Wißenschaften überzeugt mich recht sehr von der unnützl[ich]keit unseres Universitätsstudirens [...].»[45]

Friedrich Nicolai (1733–1811). Der «Freund seiner frühesten Jugend, der [. . .] nach Lessing, ihm alles war». Gemälde von Anton Graff, 1793

Ein weiterer Jugendbekannter ist der Hauslehrer Johann Georg Müchler (1724–1819), der Ende 1755 ein «Gelehrtes Kaffeehaus» organisiert, zu dem er seinen jüdischen Kollegen einlädt – eine Art Privatklub mit Lesungen, Vorträgen, Gesprächen, einem Billardtisch und günstigen Getränkepreisen. 1756 beschließt Müchler, in seiner Freizeit ein «Wochenblat», «Der Chamäleon», herauszugeben, für das er Mendelssohn als anonymen Mitherausgeber beizieht.

Im ständisch organisierten Preußen, wo die Ränge der von Friedrich II. zur Hebung der Kultur errichteten Lindenoper mit ihrem Gratiseintritt den Abstufungen in der Bevölkerung entsprechen – Parkett: Sitzplätze für die königliche Familie vor dem Orchester, dahinter Stehplätze für die adligen Offiziere, 1. Rang: eigentliche Königsloge und hohe Beamte, 2. Rang: mittlere Beamte, 3. Rang: gewöhnliche Bürger[46], die wiederum hoch über den ebenfalls hierarchisch organisierten Juden stehen, wo dem Angestellten des Schutzjuden Bernhard die allerunterste Stufe zugewiesen ist –, wirkt das «Gelehrte Kaffeehaus» wie die Versinnbildlichung des *Staate[s] der Weltweisen*[47], zu dem sich der junge Philosoph in seinem ersten erhaltenen Brief bekennt. Gleichberechtigt, frei, ja verpflichtet, den eigenen wachen und scharfen kritischen Verstand ohne *die gringste Verschonung*[48] einzusetzen.

Hier gehört er mit dazu. Als die jungen Leute beschließen, jeder müsse einen Stegreifvers auf die eigenen Fehler machen und öffentlich vortragen, soll Mendelssohn, wie von Müchler überliefert, einen «schnell niedergeschriebenen» Beitrag vorgelesen haben:

Groß nennet ihr den Demosthen
Den stotternden Redner von Athen,
Den höckrigen Aesop halt't Ihr für weise –
Triumph! Ich werd' in Eurem Kreise
Doppelt groß und weise sein,
Denn Ihr habt bei mir im Verein,
Was man bei Aesop und Demosthen
Hat getrennt gehört und geseh'n.[49]

Aber als Mendelssohn mit einem Vortrag gefordert wird, lässt er seinen anspruchsvollen mathematisch-philosophischen Gottesbeweis von einem anderen vorlesen und behauptet gar, den Autor nicht zu kennen – bis der Vortragende bei der Stelle, das göttliche Vorwissen *würde = 0 geschrieben sein,* die «Null» als «Oh!» vorliest und damit einen unerwarteten Lacherfolg provoziert. Lessing, der sich gerade in Leipzig aufhält, bittet den Freund, ihm die Abhandlung «mit erster Post» zu schicken. «Wenn ich sie auch nicht ganz verstehe, so will ich doch auch hoffentlich kein Zero für ein O ansehen.» [50]

Ganz oben in der *Republik der Gelehrten* [51] rangiert die noch von Leibniz gegründete Berliner «Königliche Academie der Wissenschaften», an die Friedrich II. bedeutende Repräsentanten der Aufklärung berufen hat. Mit ordentlichen Pensionen ausgestattet, müssen sie ein nicht immer leicht zu ertragendes Höflingsdasein in Kauf nehmen – ganz auf die Person, die Eigenarten und Launen des großen Königs hin ausgerichtet. Das angesehene Institut pflegt in regelmäßigen Abständen solide dotierte Preisfragen auszuschreiben, die den Gewinnern ein ordentliches Zubrot und, wichtiger noch, einen guten Ruf und damit weitere Arbeitsmöglichkeiten bescheren. Nun hat der Franzose Pierre-Louis Moreau de Maupertuis (1698–1759), als Präsident und Nachfolger des Akademie-Gründers Leibniz, 1753 eine philosophische Preisfrage formuliert, mit deren Beantwortung, ausgehend von der Feststellung des englischen Dichters Alexander Pope «all is good» (alles steht zum Besten), offensichtlich Leibniz' Doktrin von der «besten aller Welten» kritisch hinterfragt werden soll.[52] Für junge deutsche Leibnizianer wie Lessing und Mendelssohn eine Provokation – die sie mit dem gemeinsam verfassten Aufsatz *Pope, ein Metaphysiker!* ins Lächerliche ziehen.

Zwar können sie sich damit aus formaljuristischen Gründen nicht am Wettbewerb beteiligen, doch die anonym veröffentlichte Arbeit wird wahrgenommen. Und die beiden jungen Autoren, wie sie wohl nicht anders erwartet haben, enttarnt. Maupertuis, der Präsident der Akademie, geht so weit, Mendelssohn persönlich zu empfangen und gnädig über den kleingewachsenen Philosophen zu witzeln, «es fehle ihm, ein großer Mann zu seyn, nichts als ein wenig Vorhaut» [53]. Das Akademiemitglied Johann Georg Sulzer (1720–1779), ein bedeutender Denker aus der Schweiz, reagiert differenzierter: «Durch [Lessing] habe ich einen ebräischen Jüngling kennen gelernt, einen stark denkenden Kopf.» 54 Johann Wilhelm Ludwig Gleim (1719–1803), ein Dichter: «[Mendelssohn ist] ein würcklicher Jude, noch sehr jung, und von einem treflichen Genie, der es, ohne Lehrer, in allen Wißenschaften sehr weit gebracht hat, die Algebra zum Zeitvertreib gebraucht, wie wir die Poesie, und doch von Jugend auf, in einer jüdischen Handlung sein Brod verdienet hat.» 55

Er ist wirklich ein Jude, ein Mensch von etlichen zwanzig Jahren, welcher ohne alle Anweisung, in Sprachen, in der Mathematik, in der Weltweisheit, in der Poesie, eine grosse Stärke erlangt hat. Ich sehe ihn im voraus als eine Ehre seiner Nation an, wenn ihn anders seine eigne Glaubensgenossen zur Reife kommen lassen, die alle Zeit ein unglücklicher Verfolgungsgeist wider Leute seines gleichen getrieben hat. Seine Redlichkeit und sein philosophischer Geist läßt mich ihn im voraus als einen zweyten Spinoza betrachten, dem zur völligen Gleichheit mit dem ersten nichts, als seine Irrthümer, fehlen werden.

Gotthold Ephraim Lessing
an Johann David Michaelis,
16. Oktober 1754

Als unterdessen vielbeschäftigter Buchhalter mit, jedenfalls zu Zeiten der «Bilanzabrechnung», Zwölf- oder Dreizehnstundentagen. Doch während sich unbemerkt der Siebenjährige Krieg (1756–1763) anbahnt, kann Mendelssohn seinen Arbeitstag auf sechs Stunden reduzieren und die freie Zeit für anderes nutzen – etwa indem er beim Komponisten Kirnberger, den er vom «Gelehrten Kaffeehaus» her kennt, Cembalostunden nimmt. *Als ich Musik lernen wollte, und im Spielen sehr oft wider den Tact sündigte; sagte mein kluger Meister: Mein Gott, wissen Sie denn nicht, daß 6/8 soviel sind als 12/16? Prägen Sie sich das doch ein! 3/4, 6/8, 12/16. – Der gute Mann! Theoretisch wußte ich es so gut und wohl noch besser als er.* 56 Die Stunden nehmen spätestens Mitte April 1756 ein Ende, als Mendelssohn die Mutter verliert, worauf er entsprechend den Trauervorschriften ein Jahr lang keine Musik hört und kein Theater besucht. Persönliche Reaktionen sind nicht erhalten.

Als ergiebiger erweist sich der Griechischunterricht, den er gemeinsam mit Nicolai nimmt. Nicolai hat den emeritierten Gymnasialrektor Christian Tobias Damm (1699–1778) engagiert, um ihnen beiden als «lebendiges Lexikon»[57] den Homer vorzulesen. Dabei erfahren die zwei Schüler, dass der aufklärerisch eingestellte Gräzist eine Neuübersetzung des Neuen Testaments plant. Für die protestantische Orthodoxie eine Provokation. Friedrich Nicolai: «Moses Mendelssohn, welcher den Lauf der Welt besser kannte als Damm, rieth ihm abermal, sich vorher wohl zu bedenken […]. ‹Thun Sie was Sie nach Ihrer Ueberzeugung glauben thun zu müssen. Aber denken Sie nur nicht, daß Sie allen den bittern Kummer welchen Ihnen Ihr Vorhaben verursachen wird, itzt voraussehen können. Machen Sie sich vielmehr auf Kränkungen gefaßt, wovon Sie itzt noch gar keinen Begrif haben.›»[58]

Die denn auch nicht auf sich warten lassen – bis hin zu Anpöbeleien auf offener Straße. Mendelssohn, der später selber eine Bibelübersetzung unternehmen wird: *O Wahrheit, Wahrheit! die sich in dich verlieben, sind die geplagtesten Geschöpfe. Mit Steinen muß man dir nachwerfen, wenn man vergnügt leben will.*[59]

Durch Nicolai wird Mendelssohn zum Literaturkritiker. *Ich besuche Hrn. Nikolai sehr oft in seinem Garten. […] Wir lesen Gedichte, Herr Nicolai liest mir seine eignen Ausarbeitungen vor, ich sitze auf meinem kritischen Richterstuhl, bewundre, lache, billige, tadle, bis der Abend herein bricht. […] Unser Freund hat mich sogar zum Mitarbeiter an seiner Bibliothek gewählt, aber ich fürchte, er wird unglücklich gewählt haben.*[60] Das sieht Nicolai naturgemäß anders, der regelmäßig (nach wie vor anonyme) Beiträge seines Freundes in der «Bibliothek der schönen Wissenschaften und der freyen Künste» abdruckt. Die drei Freunde, Nicolai, Lessing und Mendelssohn, führen in ihren Briefen ein philosophisch-ästhetisches Gespräch, das, vermittelt durch Lessings große Bühnenwerke, die Grundlagen der modernen deutschen Literatur mitbestimmt.

1758 verfasst Mendelssohn für Nicolais «Bibliothek» den Aufsatz *Betrachtungen über das Erhabene und das Naive in den schönen Wissenschaften*, in dem der siebenundzwanzigjährige Autodidakt auf 39 Druckseiten mehrmals die Bibel, acht antike Autoren, fünf französische Klassiker, die beiden französischen Modernen Rousseau und Voltaire, fünf zeitgenössische Deutsche – Haller, Klopstock, Gellert, Hagedorn und Lessing – sowie zwei Engländer zitiert. Wobei er davon ausgeht, dass die französischen und lateinischen Originalzitate seinem gebildeten Zielpublikum keine Mühe bereiten, während er es auf sich nimmt, eine ihm besonders wichtig erscheinende Passage *zum Behuf derjenigen von unsern Lesern, die der englischen Sprache nicht kundig sind, [zu] übersetzen* – im Blankvers des Originals. Die erste deutsche Fassung von Shakespeares Hamletmonolog:

Seyn, oder nicht seyn, das ist die Frage;
Ists edler, im Gemüth des strengen Schicksals
Blutdürstige Pfeile zu erdulden: oder
Sein ganzes Heer von Qualen zu bekriegen
Und sie im Kampf zu endigen?[61]

1758 muss Friedrich Nicolai ins Geschäftsleben wechseln und sich um den verschuldeten Familienverlag kümmern. Für ihn Anlass, gemeinsam mit seinen beiden Freunden eine neue, zukunftsstolze Publikation ins Leben zu rufen: die «Briefe, die Neueste Litteratur betreffend», die von Januar 1759 bis Juli 1765 jeden Donnerstag erscheinen und zum wichtigsten Rezensionsorgan Deutschlands werden.

Spätestens jetzt (das Erscheinungsdatum ist ebenso umstritten wie der Mitarbeiter) hat Mendelssohn seine erste hebräische Publikation, die Zeitschrift *Kohelet Mussar* (Der Moralprediger), veröffentlicht: Aufsätze zur Moral und, um die Geschmeidigkeit der hebräischen Sprache zu zeigen, eine Übersetzung zeitgenössischer englischer Lyrik. Die Zeitschrift bringt es auf maximal zwei Ausgaben in Kleinstauflage.

In den «Litteraturbriefen» vom 24. April 1760 übernimmt Mendelssohn den wohl heikelsten Auftrag: die Rezension der «à Berlin chez CHRETIEN FREDERIC VOSS» erschienenen «Poësies Diverses» Seiner Majestät, König Friedrichs II., *das wahre Portrait, worinn seine grosse Seele, sein noch grösseres Herz, und seine Schwachheiten selbst, auf das natürlichste geschildert sind [...]*[62]. Bedauerlicherweise nicht auf Deutsch. *Welcher Verlust für unsere Muttersprache, daß sich dieser Prinz die französische geläufiger gemacht! Sie würde einen Schatz besitzen, um den sie ihre Nachbarn Ursache hätten zu beneiden.*[63] Der Kritiker geht so weit, vorsichtig auf philosophische Ungereimtheiten hinzuweisen: *[...] mich dünkt, ein Friedrich, der an der Unsterblichkeit zweifelt, ist [...] eine blosse Chimäre, ein viereckigter Zirkel, oder ein rundes Viereck!*[64]

1761 greift noch einmal Aron Gumpertz in das Leben seines einstigen Schützlings ein. Gumpertz, der nun als Augenarzt in Hamburg praktiziert, hat früh seine Frau verloren und steht im Begriff, sich zum zweiten Mal zu verheiraten. Da die beste Freundin seiner Verlobten, ein nettes Mädchen aus guter Familie, eine gewisse Fromet Gugenheim, mit ihren vierundzwanzig Jahren noch unverheiratet ist – ihr Vater hat geschäftliche Schwierigkeiten und kann sie nicht mit einer standesgemäßen Mitgift ausstatten –, beschließt Gumpertz, den ebenfalls unverheirateten Freund zu sich nach Hamburg einzuladen, um ein Kennenlernen zu ermöglichen. Wobei die nach Hamburg verheiratete Tochter von Mendelssohns Chef das Mädchen ebenfalls kennt und mag. Der seinen Buchhalter Ende 1761 zum geschäftsführenden Direktor befördert[65] – mit entsprechend besserem Gehalt.

Ich bin in jeder Zeit auf geräumt, selten lustig, und niemahls wild vergnügt. Meine Glückseeligkeiten suche ich in den stillen Vergnügungen der Liebe und der Freundschaft, und Gott Lob! ich suche sie nit vergebens. Es ist mir so wohl in der Liebe als in der Freundschaft bisher völlig nach Herzens Wunsch gegangen.
Mendelssohn an Fromet, 10. Juli 1761

Eine Art der Beziehungsaufnahme, wie sie im jüdisch-traditionellen Milieu, in dem Mendelssohn lebt und sein Brot verdient, eher unüblich ist. Die Ehe wird als Teil der religi-

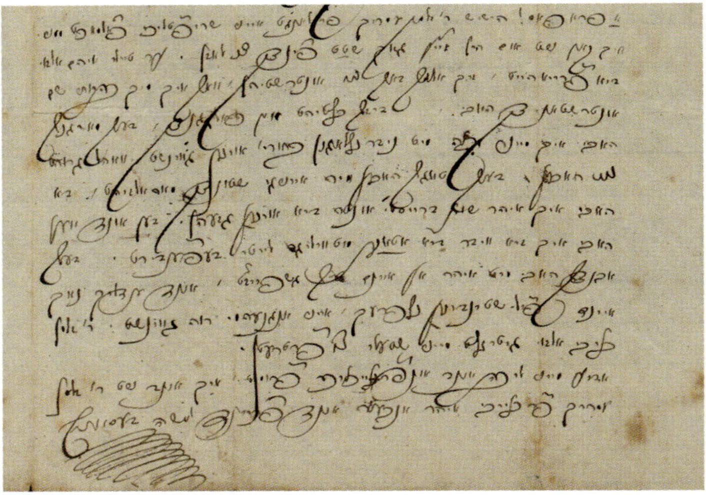

ösen Pflichten verstanden und meist über Heiratsvermittler und/oder über die Eltern arrangiert – nicht anders, als Mendelssohn später bei der Verheiratung seiner eigenen Töchter vorgehen wird (in beiden Fällen nicht zu deren Glück).

Über die erste Begegnung mit seiner Künftigen liegt eine schön geschriebene Anekdote von Berthold Auerbach (1812–1882) vor, «Wie der Weltweise Moses Mendelssohn seine Frau gewann», derzufolge die junge Fromet beim Anblick des verwachsenen Philosophen zurückgeschreckt sei. Worauf der ihr erzählt habe, dass Ehen im Himmel geschlossen würden – wobei seine Seele den eigentlich für sie bestimmten Buckel auf sich genommen habe. «Kaum hatte Moses Mendelssohn das gesagt, als ihm das Mädchen um den Hals fiel – und sie ward seine Frau und sie wurden glücklich miteinander und hatten schöne und brave Kinder, von denen Nachkommen noch leben bis auf den heutigen Tag.»[66]

Letzteres trifft durchaus zu, Ersteres weniger. Nicht nur, weil Fromets Vater, Abraham Gugenheim (gest. 1766), sich damals, anders als in der Anekdote geschildert, gar nicht in

Brautbrief Mendelssohns an Fromet vom 25. August 1761.
Zweiter Abschnitt (von rechts nach links gelesen):

«A propos! Ha-joschisch [der greise] R[abbi] Salman Emmerich verlangt eine schriftliche Vollmacht mimmenni [von mir]. / Ich kann nicht um hin sein Gesuch statt finden zu lassen. Er teile ihm also / die Freyheit, sich alles das zu unterstehen, was ich mich bih'jaußi schom [als ich dort war] / unterstanden habe. [Abstand] Dieses besteht in folgenden, des Morgens / habe ich meiner kallo [Braut] mit nieder geschlagenen b'churim [Jünglings-]Augen gewünscht wohl geruht / zu haben. Des Tages haben wir einige Stunden moralisirt, da / habe ich ihr schon dreiste unter die Augen gesehen. Denn und wenn / habe ich sie wider die Attacken mut williger Leute defendirt. [Abstand] Des / Abends habe mit ihr an einem Tisch gespeist, und endlich nach / einem viel stündigen Gespräch, eine angenehme Ruh gewünscht. R. Salman / beliebe also gütigst meine Stelle zu vertreten.
Adieu, meine liebe und unvergleichliche Fromet. Ich und nit R. Salman / Emmerich verbleibe Ihr Anbeter und Freund Mausche Dessau
[Zierschnörkel]»

Hamburg aufhielt und mit seiner Pingeligkeit beim Kleingedruckten das Zustandekommen der Verbindung eher gestört als befördert hat, sondern weil wir durch Mendelssohns Briefe an die Braut genauestens über die Einzelheiten seiner Werbung informiert sind: *[...] des Morgens habe ich meiner kallo [Braut] mit nieder geschlagenen b'churim [Jünglings-]Augen gewünscht wohl geruht zu haben. Des Tages haben wir einige Stunden moralisirt, da habe ich ihr schon dreiste unter die Augen gesehen. Denn und wenn habe ich sie wider die Attacken mut williger Leute defendirt. Des Abends habe mit ihr an einem Tisch gespeist, und endlich nach einem viel stündigen Gespräch, eine angenehme Ruh gewünscht.*[67]

Die Mittel, über die der kleine bucklige Mann verfügt, um auf andere Menschen, auch auf Frauen, wirken zu können, hat er in seinem Aufsatz *Über das Erhabene* beschrieben: *Die körperlichen Vollkommenheiten, als nämlich eine ungemeine Leibesstärke, ohne Tapferkeit, eine schöne Leibesgestalt, eine schöne Gesichtsbildung, deren Züge keinen sonderlichen Geist verrathen, eine ungemeine Behendigkeit in den Bewegungen der Gliedmaßen u.s.w. können zwar einen geringen Grad von Bewunderung erregen, aber niemals werden wir so sehr entzückt, als wenn wir die Vollkommenheiten des Geistes bewundern. Ein großer Verstand, große und ungemeine Gesinnungen, eine glückliche Einbildungskraft, die mit einer durchdringenden Scharfsinnigkeit verknüpft ist [...] und überhaupt alle großen Eigenschaften eines Geistes, die uns unvermuthet überraschen, reißen unsere Seele mit sich fort und erheben sie gleichsam über sich selbst.*[68]

In einem *wüsten Garten Häusche* hat er sich ihr, als die vier Wochen um waren, schließlich erklärt. *Ich kann Ihnen nit beschreiben wie unruhig mein Herz damahls gewesen. Die Küsse selbst, die ich von Ihren Lippen gestohlen, waren mit einiger Bitterkeit vermischt, denn die nahe Trennung machte mich schwermütig, und unfähig, ein reines Vergnügen zu genießen.*[69]

Einer der wenigen Momente, wo der selbstbeherrschte Philosoph von seinen Gefühlen überwältigt erscheint. Denn dass ein frommer jüdischer Bräutigam seine Braut nicht vor der Hochzeit zu küssen hat, wird dem Talmudkenner bekannt gewesen sein. Wie er sich denn mit einer bei ihm sonst ungebräuchlichen Bockigkeit weigert, dem Schwiegervater in Sachen Brautgeschenken, Haushaltsgeld, Todesfallfürsorge etc. entgegenzukommen. *Mein ganz Vermögen ist ja so gut ihr als mein, bin ich denn der Mann, der eine Person lieben, und mit ihr ein geteiltes Interesse haben kann? Ich selbst, und was ich vermag, und vermögen werde, bleibt ihr Eigentum.*[70]

Doch die eigentlichen Ehehindernisse liegen nicht bei solchen, bald gelösten, Detailfragen, sondern bei den preußischen Behörden, ohne deren Sondererlaubnis der aus Dessau zugewanderte Angestellte des Schutzjuden Bernhard seine Hamburger Braut nicht heimführen kann. Mendelssohn ist auf Eingaben an allerhöchste Stellen angewiesen, die sich nur im Winterquartier (wenn der König nicht mit Kriegführen beschäftigt ist) durchführen lassen. Das heißt, auf Vermittlung der (einfluss)reichsten Männer der Jüdischen Gemeinde, denen er misstraut. *Sie denken zu edel, als daß Sie sich von einem reichen Berliner einen richtigen Begriff sollte machen können.*[71]

Als ihn in seiner Verlobungszeit Veitel Ephraim, der «Münzjude» von Friedrich II., zu seinen Geschäften beiziehen will, lehnt er ab. *Alle Welt beschuldigt mich, ich hätte mir die Gelegenheit zu Nuz machen sollen, ein reicher Kerl zu werden.*[72] Es geht um ein Unternehmen, dessen Prinzipien Friedrich der Große im Falle Polens wie folgt beschreibt: «Wir machen ihr polnisches Geld nach und suchen ihr gutes Geld an uns heranzuziehen, daß wir das einschmelzen und machen anderes, das dem ähnlich ist, nur in geringerer Valeur, daß wir doch den Profit haben.»[73] Wie bei den preußischen Münzen, die die jüdischen Unternehmer zugunsten von Friedrichs Kriegskasse verschlechtern. *Liebste Fromet! Wundern Sie sich nit, daß ich meine Auf Führung gegen Ihnen entschuldige. Es hat selten jemand Gelegenheiten ein reicher Kerl zu werden, so nachläßig vorbeygehen zu lassen, als ich, […] allein da Sie, meine Liebe! die Wirkung davon werden mitempfinden müssen, so bin ich schuldig Ihnen von meinen Bewegursachen Rechenschaft ab zu legen.*[74]

Zwei Wochen nach Mendelssohns Brief, im März 1762, erhebt ein in den «Litteraturbriefen» schlecht weggekommener Romanautor Anzeige: «Es erscheine in Berlin eine schändliche Schrift, betitelt Briefe die N. Lit. betr., worin ein Jude in einem Aufsatz wider den Hrn Hofprediger Cramer zu Kopenhagen die Gottheit Christi bestritten, auch die Ehrfurcht gegen des Königs Allerhöchste Person durch ein freches Urtheil über die Poésies diverses aus den Augen gesetzt habe. Er finde sich in seinem Gewissen verbunden, diese Attentate des Juden den Allerhöchsten Behörden anzuzeigen.»[75]

Nun war es gar nicht Mendelssohn gewesen, der über den dänischen Hofprediger geschrieben hatte, sondern Lessing, und auch nichts Nachteiliges – gleichviel. Nicolai und Mendelssohn werden beim Generalfiskal von Uhden einbestellt, dem für Judenangelegenheiten zuständigen obersten Steuerbeamten Preußens.[76] Friedrich Nicolai: «Moses Mendelssohn, der sanfteste, ruhigste Mann, hatte in seinem Charakter entschiedene Festigkeit und Würde, wenn es darauf ankam

Standhaftigkeit zu zeigen. Zwischen ihm und dem Generalfiskal erhob sich folgendes Gespräch. Dieser, der ihn noch gar nicht kannte, sah ihn als er eintrat mit finstrerer Amtsmiene an, und fuhr heraus:

‹Hör Er! wie kann Er sich unterstehen wider Christen zu schreiben?›

M. ‹Wenn ich mit Christen Kegel spiele, so werfe ich alle Neune, wenn ich kann.›

U. ‹Untersteht Er sich zu spotten? Weiß Er wohl mit wem Er redet?›

M. ‹O ja! Ich stehe vor dem Herrn Geheimenrath und Generalfiskal Uhden, vor einem gerechten Manne.›

U. ‹Ich frage Ihn noch Einmal: wer hat Ihm erlaubt, wider einen Christen, und noch dazu wider einen Hofprediger, zu schreiben?›

M. ‹Ich muß nochmal wiederholen, und wahrlich ohne allen Spott: Wenn ich mit einem Christen Kegel schiebe, wäre es auch ein Hofprediger, so werfe ich alle Neune, wenn ich kann. Das Kegelspiel ist eine Erholung für den Leib, wie die Schriftstellerei eine Erholung für meinen Geist ist; jeder welcher schreibt, macht es so gut wie er immer kann. Übrigens wüßte ich nicht, daß ich je wider einen Hofprediger noch einen andern Prediger geschrieben hätte.›

U. ‹O! ich merke, Er will läugnen; man wird Ihm schon die Künste abfragen. Er hat wider die christliche Religion geschrieben.›

M. ‹Wer Ihnen dieses gesagt hat, der hat Ihnen eine große Unwahrheit gesagt.›

U. ‹Läugne Er nur nicht! Man weiß es schon besser. Dies ist wider das Judenprivilegium. Er hat den Schutz verwirkt.›

M. ‹Ach! ich habe hier keinen Schutz zu verwirken. Ich habe kein Privilegium; ich bin Buchhalter bei dem Schutzjuden Bernhard.›

U. ‹Desto schlimmer! Die geringste Strafe für Seinen Frevel wird sein, daß man Ihn aus dem Lande weiset.›

M. ‹Wenn man mich gehen heißt, so werde ich gehen. Ich habe mich nie den Gesetzen widersetzen wollen; und der Gewalt kann ich mich noch weniger widersetzen.›»[77]

Am gleichen Tag, am Freitag, dem 19. März 1762[78], schreibt Mendelssohn Fromet einen liebenswürdigen Brief über geschenkte Spitzenmanschetten zu seinem Hochzeitshemd. Den – letztlich folgenlosen – Zwischenfall beim Generalfiskal erwähnt er nicht.

Eine Woche später, am 26. März, kann Mendelssohn seiner Braut melden, dass ihre *kijjumim*, ihre Niederlassungsrechte, *accordirt* worden sind. *Nun mehr sind Sie [...] ein preußischer Untertahn, und müssen die preußische Partey ergreifen. Sie werden also auf gut preußisch alles glauben, was zu unserm Vorteil ist. Die Russen, die Türken, die Amerikaner stehen uns alle zu Dienst, und erwarten nur unsern ersten Wink. Unsere Münz wird noch besser werden als Banco, die ganze Welt wird Sicherheit in Berlin suchen, und unsere Börs wird berühmt seyn, von dem Schloßplatz bis an unser Haus. Dieses alles müssen Sie glauben, denn Sie haben kijjumim b' – Berlin.*[79]

Und an einem von Juden als besonders glückbringend empfundenen Dienstag – der Tag, an dem Gott sah, dass das Geschaffene «sehr gut» war –, am 1. des nach einem babylonischen Fruchtbarkeitsgott benannten jüdischen Monats Tamus des Jahres 5522, am 22. Juni 1762, tritt Moses aus Dessau mit seiner Fromet unter den Traubaldachin.

Doch ohne Philosophie hält es der frischgebackene Ehemann, glücklich, wie er ist, keine vierzehn Tage aus. Dann macht er sich wieder an seine *Abhandlung über die Evidenz in Metaphysischen Wissenschaften*, mit der er sich, und diesmal ernsthaft, am für Anfang 1763 ausgeschriebenen Aufsatzwettbewerb der Königlichen Akademie beteiligen will. Mendelssohn erwägt sogar eine Übersetzung ins Lateinische (zugelassen sind Lateinisch, Französisch und Deutsch), reicht die Arbeit jedoch auf Deutsch und, den Wettbewerbsbedingungen gemäß, anonym ein.

Mendelssohn als junger Ehemann. Elfenbeinminiatur des Amateurmalers «Dr. P. S.», 1767

Ausgehend vom Unterschied zwischen *Faßlichkeit* und *Gewißheit,* versucht Mendelssohn klarzustellen, *daß die metaphysischen Warheiten zwar derselben Gewißheit, aber nicht derselben Faßlichkeit fähig sind, als die geometrischen Warheiten.*[80] Der für Mendelssohn mit geometrischer Schlüssigkeit beweisbare Kerngedanke: *Mache deinen und deines Nebenmenschen innern und äussern Zustand, in gehöriger Proportion, so vollkommen, als du kannst.*[81]

Sein Aufsatz erhält genauso viele Stimmen wie die Arbeit mit der Nummer 28 – die schließlich mit einem Trostpreis bedachte «Untersuchung über die Deutlichkeit der Grundsätze der natürlichen Theologie und Moral» eines gewissen Immanuel Kant. Der seine Niederlage (wenn es denn eine ist) gelassen zur Kenntnis nimmt. Aus dem Vorwort zu «Prolego-

Fromet Mendelssohn-Gugenheim als junge Ehefrau. Die Haube, das «heilige Kopfzeug», mit der sie ihr Haar bedeckt, ist religiös vorgeschrieben. Elfenbeinminiatur von «Dr. P. S.», 1767

mena»: «Es ist nicht jedermann gegeben, so subtil und doch zugleich so anlockend zu schreiben als David Hume oder so gründlich und dabei so elegant als Moses Mendelssohn.»[82] Und am Samstag, dem 4. Juni 1763, kann die «Berlinische privilegirte Zeitung» melden: «Donnerstag hielt die Akademie ihre öffentliche Sitzung. Den Preis erhielt der schon zur Genüge durch seine Schriften bekannte hiesige Jude Moses Mendelssohn.»[83] Dessen seit Frühling 1761 in Briefen verwendeter[84], selbst gewählter Nachname nun zum ersten Mal (noch mit nur einem «s») auf einer eigenen, 1764 durch die Akademie erfolgten Publikation erscheint: *Moses Mendelsohn aus Berlin.*[85]

Der deutsche Sokrates

1763 – ein gutes Jahr, auch für Preußen.

> «Der König und die Kaiserin,
> Des langen Haders müde,
> Erweichten ihren harten Sinn,
> Und machten endlich Friede […].» [86]

Der Siebenjährige Krieg ist gewonnen, und der vierunddreißigjährige Mendelssohn wird von der Jüdischen Gemeinde mit der Abfassung einer Friedenspredigt beauftragt. Ende März (noch vor Verkündung des Wettbewerbsergebnisses der Akademie) beschließt der Gemeindevorstand, «den würdigen Herrn Moses Mendelssohn als Anerkennung und Belohnung seiner großen Verdienste, besonders wegen Ausfertigung und Übersetzung der Predigt und der Gesänge beim Friedensfeste, […] für immer von allen Gemeindeabgaben zu befreien» [87] – eine Ehrung, die sonst nur Oberrabbinern zuteil wird. Und die einzige öffentliche Subvention seiner geistigen Arbeit, die Mendelssohn je bekommen hat.

Im Zusammenhang mit der Mendelssohn angedrohten Ausweisung durch den Generalfiskal war der Marquis d'Argens (1704–1771), Mitglied der Königlichen Akademie und Freund von Friedrich II. (und eine Zeit lang Arbeitgeber von Mendelssohns Mentor Aaron Gumpertz), zum ersten Mal auf das komplizierte Aufenthaltsrecht für Juden in Preußen gestoßen. «Aber notre cher Moise [unseren lieben Moses] trifft dieses doch nicht?» [88] Friedrich Nicolai: «Er wollte es eher nicht glauben, bis es ihm Moses selbst bekräftigte […].» D'Argens, vorurteilsloser Verfasser der «Lettres juives», der «Jüdischen Briefe», in denen Juden darüber diskutieren, ob auch anständige Christen in den Himmel kommen können[89], schlägt Mendelssohn vor, eine Bittschrift aufzusetzen, die er in einem geeigneten Moment dem König übermitteln will. Mendelssohn lehnt, laut Nicolai, zunächst ab: «Es thut mir weh, daß ich um das Recht der Existenz erst bitten soll, welches das Recht eines jeden Menschen ist, der als ein ruhiger Bürger lebt. Wenn aber der Staat überwiegende Ursache hat, Leute von meiner Nation nur in gewisser Anzahl zu dulden; welches Vorrecht kann ich vor meinen übrigen Mitbrüdern haben, eine Ausnahme zu verlangen?»[90]

Doch er ist verheiratet, ein Kind unterwegs oder schon da – die nach seiner Mutter benannte Tochter Sara. Also verfasst er *allerunterthänigst*[91] die entsprechende Eingabe, die der Marquis, wie verabredet, im April 1763 dem König übergibt. Keine Antwort. Als der Marquis dies zufällig erfährt, greift er noch einmal ein. Und versieht Mendelssohns zweite Bittschrift – die erste sei auf dem Dienstweg verloren gegangen – mit der Randbemerkung: «Un Philosophe mauvais catholique supplie un Philosophe mauvais protestant de donner le privilège a un Philosophe mauvais juif. Il y a trop de Philosophie dans tout ceci que la raison ne soit pas du côté de la demande.»[92] In Friedrich Nicolais eleganter Übersetzung: «Ein nicht sehr katholischer Philosoph, bittet einen nicht sehr protestantischen Philosophen, einem nicht sehr jüdischen Philosophen das Schutzprivilegium zu gewähren. Es ist so viel Philosophie dabey, daß es die Vernunft gewiß billigt.»[93]

Eine Aufenthaltserlaubnis dritter Klasse, an die Person des Trägers gebunden. Die fälligen 1000 Taler Stempelgebühr – ein hohes Jahreseinkommen – werden Mendelssohn nach einer neuerlichen Eingabe erlassen, die Bitte um Erstreckung des Privilegs auf Frau und Kinder abgelehnt. 1779, als fünfzigjähriger, europaweit bekannter Denker, wird Mendelssohn erneut darum bitten, *das ihm verliehene Schutz-Privilegium auf seine Nachkommen beiderlei Geschlechts gratis allergnädigst extendiren zu lassen.* Die Akte ist mit einem diktierten Vermerk

Friedrichs des Großen versehen: «Vor seine Person wohl gratis, aber nicht vor seine Kinder.» [94]

Vom König wahrgenommen wird weniger der Philosoph als der erfolgreiche Fabrikleiter, dem die preußische Regierung 1764, ein Jahr nach jenen Eingaben, eine Subvention von 20000 Talern anbietet, um als Konkurrent seines bisherigen Arbeitgebers eine eigene Seidenweberei aufzubauen. Mendelssohn erreicht, dass der Zuschuss seinem Chef Bernhard ausgezahlt wird, dessen Fabrik daraufhin um zwanzig neue Webstühle erweitert werden kann.

Am 1. Mai 1764 muss Mendelssohn seinem Freund Thomas Abbt (1738–1766), einem jungen Geschichtsprofessor in Rinteln, melden: *Der Tod hat an meine Hütte gepocht, und mir ein Kind geraubt, das nur eilf unschuldige Monathe, aber diese Gottlob! munter und unter hofnungsvollen Versprechungen, auf Erden gelebt hat. […] Ich kann nicht glauben, daß uns Gott auf seine Erde, etwa wie den Schaum auf die Welle gesetzt hat: und da ich in der entgegengesetzten Meinung weniger Ungereimtheit und mehr Trost finde; so umarme ich sie […]* [95]

Im Oktober 1764 kommt das zweite Kind der Mendelssohns, die Tochter Brendel, zur Welt. Sie wird – wiewohl nicht zur Freude ihrer Mutter – als Dorothea Schlegel einen namhaften Beitrag zur Literaturgeschichte der Romantik leisten.

Das wichtigste Thema im ausführlichen Briefwechsel zwischen Mendelssohn und Abbt betrifft die Frage, ob und wie weit die Seele des Menschen unsterblich ist. Ein Problem, mit dem sich Mendelssohn seit langem und sehr ernsthaft auseinandersetzt – unter anderem anhand von Platos «Phaidon», einer Schilderung von Sokrates' letzten Lebenstagen, die der frischgebackene Gräzist in Auszügen übersetzt hat, ohne vom Ergebnis befriedigt

MOSES MENDELSSOHN
GEBOREN IN DESSAU
IM JAHR 1729
VON JÜDISCHEN ÄLTERN
EIN WEISER WIE SOKRATES
DEN GESETZEN DER VÄTER GETREU
UNSTERBLICHKEIT LEHREND
UND UNSTERBLICH WIE ER
Sockelinschrift für Tassaerts Mendelssohn-Büste von Karl Wilhelm Ramler, 1785

zu sein. Der mit dem Konzept des «Midrasch», der erklärenden, ausgestaltenden Nacherzählung biblischer und talmudischer Texte, aufgewachsene Philosoph will mehr. *Die [...] Arbeit besteht in einer Idee, die ich schon seit vielen Jahren liebkose. Es ist, einen Phädon, oder Gespräch von der Unsterblichkeit der menschlichen Seele nach der Anlage des Plato zu schreiben, aber ausdrücklich von Plato eigentlich nichts als die Anlage zu borgen, welche in der That vortrefflich ist. [...] Ich beschloß daher zum Theil die Beweisgründe durch kleine Veränderungen nachdrüklicher und überzeugender zu machen, zum Theil auch solche Beweise hinzuzuthun, die uns die neure Weltweisheit an die Hand giebt, deren Anzahl und Gewicht in dieser Materie gewiß nicht gering ist.*[96]

Ende 1765, Fromet ist erneut schwanger, entscheidet sich das Ehepaar für ein Haus an der Spandauer Straße 68[97], das

Wohnhaus Mendelssohns an der Spandauer Straße 68 mit einer Marmortafel über dem Haupteingang: «Hier wohnte Moses Mendelssohn / geb. in Dessau 6. 9. 1729 / gest. in Berlin 4. 1. 1786». Foto von Friedrich Albert Schwartz, um 1886

an einer breiten, vielbefahrenen und entsprechend lauten Durchgangsstraße Alt-Berlins liegt, jedoch über einen Hintergarten verfügt.[98] Weil sie selbst keine Immobilien erwerben dürfen, erstatten sie der offiziellen Hauskäuferin, der Tochter des privilegierten Münzjuden Ephraim, die Anzahlung auf die Kaufhypothek, die sie 1775 ganz übernehmen, womit ihnen das Haus faktisch gehört, ohne juristisch ihr Eigentum zu sein. Die Seidenfabrik ist gleich um die Ecke, die Synagoge nur wenige Häuserblocks entfernt, andere Juden wohnen in der Gegend. Ein vierachsiges, zweistöckiges Haus mit ausgebauten Dachkammern, das bis zum großen Stadtumbau Ende des 19. Jahrhunderts erhalten bleibt. Dort hat, in einer der Un-Zufälle, die Mendelssohns Leben manchmal bestimmen, der junge Lessing wenige Jahre zuvor sein Theaterstück «Die Juden» geschrieben. Die «Servis-Commission» versucht umgehend, einige der vielen Soldaten der Stadt bei ihm einzuquartieren, was Mendelssohn, nach zwei Petitionen unter Hinweis auf die im Haus erfolgende Bürotätigkeit und die dort aufbewahrte Firmenkasse, erfolgreich abwehren kann.[99]

Der Tod nimmt Mendelssohn keineswegs nur philosophisch in Anspruch: *Ich habe einen alten Vater, ich habe [ein] zartes Kind [Chaim M.] von einigen Monathen verloren, ich bin in Gefahr gewesen, meine Frau, die ich mehr als Vater und Kind liebe, zu verlieren.*[100] Dann stirbt auch noch der junge Abbt, achtundzwanzigjährig, an einem chronischen Hämorrhoidalleiden. Ihm widmet Mendelssohn den 1767 erschienenen *Phaedon, oder über die Unsterblichkeit der Seele in drey Gesprächen.*

Ein epochemachendes Werk. Worin, wenn man sich einmal auf die der Leibniz-Wolff'schen Schule eigene Mischung von (aus heutiger Sicht) naturwissenschaftlichen Tatbeständen mit metaphysischen Spekulationen eingelassen hat, ruhig und schlüssig der Nachweis nicht nur der Unsterblichkeit der Seele erbracht wird, sondern auch der Existenz Gottes und der Gewissheit einer irgendwie gearteten Fortdauer der eigenen

Sokrates, einen Schädel mit darüberschwebendem Schmetterling betrachtend, der für die Seele steht. Der Künstler legte Wert darauf, dass das Symbol der Unsterblichkeit das Symbol des Todes nicht direkt berührt. Frontispiz zum «Phaedon», 1767, von Johann Wilhelm Meil

Individualität. *Wir können sagen, dieses unermeßliche Weltgebäude sey hervorgebracht worden, damit es vernünftige Wesen gebe, die von Stufe zu Stufe fortschreiten, an Vollkommenheit allmählig zunehmen, und in dieser Zunahme ihre Glückseligkeit finden mögen. Daß diese nun sämtlich mitten auf dem Wege stille stehen, nicht nur stille stehen, sondern auf einmal in den Abgrund zurück gestoßen werden, und alle Früchte ihres Bemühens verlieren sollten, dieses kann das allerhöchste Wesen unmöglich beliebet, und in den Plan des Weltalls gebracht haben, der ihm vor allen wohlgefallen hat.* [101]

Eine Sicht, mit der Mendelssohn einerseits die klassischen Thesen der eigenen jüdisch-orthodoxen Tradition bestätigt (und damit auch die des darauf aufbauenden Christentums) sowie, zumindest in Mendelssohns Interpretation, die Überlieferungen der gerade im 18. Jahrhundert für maßgeblich gehaltenen Antike. Wobei die Sokrates verliehene Klarheit und

Sachlichkeit den inneren Schwung und die starke Überzeugungskraft des Autors nur umso wirksamer zum Ausdruck bringen.

Alle haben sie das Werk gelesen – der junge Goethe, der es mit Platos Vorlage vergleicht, genauso wie Mozart (1756–1791), der den *Phädon* (Schreibweise der späteren Auflage) besaß und in seinem berühmten Brief an den Vater vom 4. April 1787 paraphrasiert, wo er den Tod als «wahren, besten Freund des Menschen» bezeichnet: «[...] ich lege mich nie zu bette ohne zu bedenken, daß ich vielleicht / so Jung als ich bin / den anderen Tag nicht mehr seyn werde – und es wird doch kein Mensch von allen die mich kennen sagn können daß ich im Umgange mürrisch oder traurig wäre [...].» [102] Der *Phädon* wird in insgesamt zehn Sprachen, darunter Französisch, Englisch, Holländisch, Italienisch und Hebräisch, übersetzt und immer wieder aufgelegt. *Sokrates war der erste, [...] der die Philosophie vom Himmel herunter gerufen, in die Städte eingesetzt, in die Wohnungen der Menschen geführet, und sie über ihr Thun und Lassen Betrachtungen anzustellen genöthiget hat.* [103]

Moses Mendelssohn

Ja! du siehst mich unsterblich! –
«Das hast du uns ja in dem Phädon
Längst bewiesen.» – Mein Freund, freue
dich, daß du es siehst!

Johann Wolfgang von Goethe,
Friedrich Schiller, «Xenien», Nr. 354, 1797

Mendelssohn wird zum «Juif à Berlin», zum Juden zu Berlin, einer international geachteten Persönlichkeit und damit zum Träger eines Ruhms, den er mit der gleichen nüchternen Bescheidenheit auf sich nimmt wie sein philosophisches Vorbild, mit dem man ihn nun immer mehr vergleicht. Eine Identifizierung, zu der seine in den Augen der Mehrheitsgesellschaft verächtliche Herkunft ebenso beiträgt wie die als «sokratische Hässlichkeit» verstandene jüdische Eigenart seiner Züge und die verwachsene Gestalt. Womit er, im Zeitalter der Philosophie, deren Inbild, dem «Weisesten der Menschen», zur Seite gestellt ist, dessen Beschreibung durch

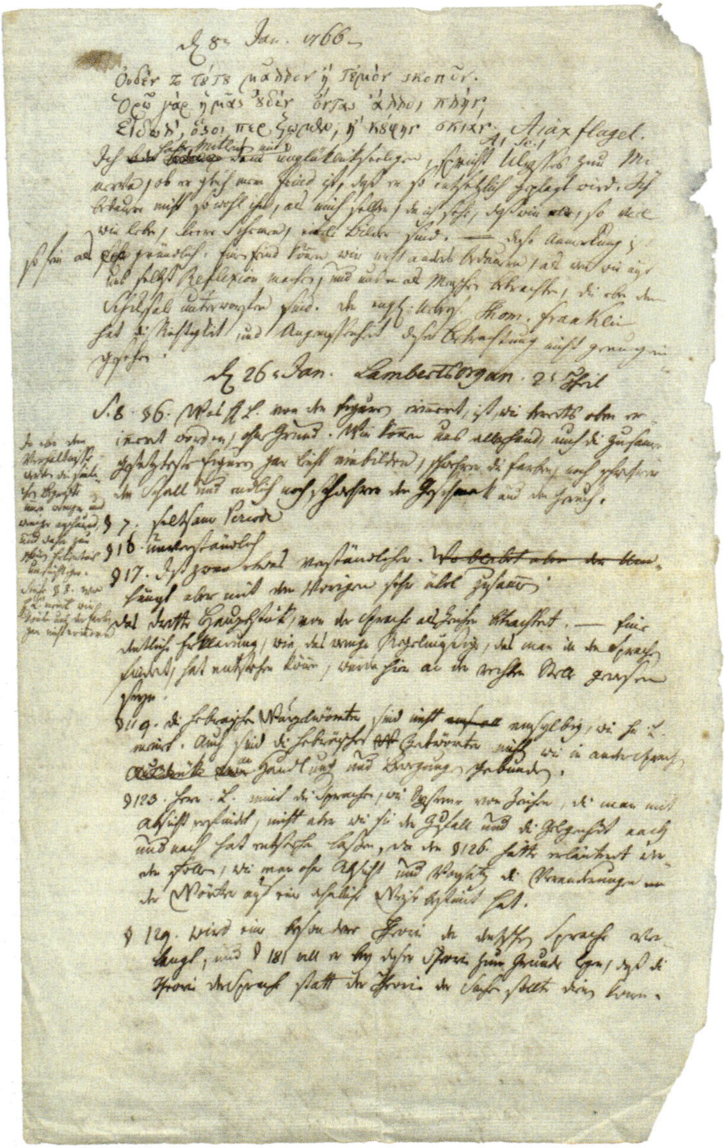

Griechische und deutsche Notizen Mendelssohns
vom Januar 1766. Vorarbeiten zu einer Literaturkritik

Sokrates im Kerker. Mendelssohn (obere Reihe hinten links) als Sokrates-Schüler bei Sokrates' Tod. Der zu Füßen des Denkers sitzende Jüngling mit den langen Haaren ist Phädon. Lavierte Federzeichnung mit Sepia von Johann Gottfried Schadow, 1800

Mendelssohn wie ein unwillkürliches Selbstporträt wirkt: *Er hatte […] seine eignen Vorurtheile der Erziehung zu besiegen, die Unwissenheit anderer zu beleuchten, Sophisterey zu bestreiten, Bosheit, Neid, Verleumdung und Beschimpfung von Seiten seiner Gegner auszuhalten, Armuth zu ertragen, festgesetzte Macht zu bekämpfen, und, was das schwerste war, die finstern Schrecknisse des Aberglaubens zu vereiteln. […] Alle diese Schwierigkeiten überstand er mit der Weisheit eines wahren Philosophen, mit der Geduld eines Heiligen, mit der unneigennützigen Tugend eines Menschenfreundes, mit der Entschlossenheit eines Helden […].*[104]

Als «deutscher Sokrates» wird Mendelssohn zum gesuchten Briefpartner von Gelehrten und Lesern in ganz Europa, bis weit nach Russland hinein. Er wird ebenso von jungen Adligen auf ihren Kavalierstouren aufgesucht wie von Talmudstudenten aus Polen, die in Berlin die «Chochmot»,

Sokrates im Kerker, Ausschnitt. Schadows Zeichnung war ein Auftragswerk von Mendelssohns Schüler David Friedländer.

die weltlichen Wissenschaften, studieren wollen. Wenn bedeutende Persönlichkeiten in die Stadt kommen, versuchen sie den Philosophen persönlich kennenzulernen, wobei die von Goethe 1778 anlässlich seines Berlin-Besuchs gewünschte Begegnung nicht zustande kam.

Mendelssohn führt nun einen großen Haushalt, zu dem die verwitwete Stiefmutter seiner Frau ebenso gehört wie eine Köchin und die Hauslehrer seiner immer zahlreicher werdenden Kinder – vielversprechende junge Gelehrte, wie er selber einer war. Außerdem beherbergt er einen Dauerhausgast, das exzentrische Mathematikgenie Abraham Wolff (gest. 1798), «Abraham Rechenmeister», der sich nur für höhere Mathematik und Schachspiel interessiert und derart wenig Interesse am Tagesverdienst aufweist, dass seine Frau bei Verwandten in Hannover wohnt und nur gelegentlich zu Besuch kommt (wofür Wolff einen zusätzlichen Stuhl ausborgt). Lessing, der Wolff mochte, hat ihm ein seltenes Mathematikbuch geschenkt und ihn als schach- und gerechtigkeitsbesessenen Derwisch Al-Hafi in «Nathan der Weise» unsterblich gemacht.

Abraham «Rechenmeister» Wolff (bis 1798). Originalgenie, das bei Mendelssohns wohnte und Lessing zur Figur des Al-Hafi inspirierte. Stich in Punktiermanier von Benedict Heinrich Bendix, 1797

Mendelssohn pflegt um fünf Uhr früh als Erster im Haus aufzustehen. Als frommer Jude wird er die Gebetsriemen angelegt haben, deren Kapselpergamente wahrscheinlich von seinem Vater, dem Schreiber, verfertigt worden sind. Danach kocht er sich einen Kaffee, um bis acht oder neun Uhr in seinem «Studierzimmer, welches einen Stock höher lag als sein Wohnzimmer und in welchem seine mäßige Bibliothek aufgestellt war»[105], philosophisch tätig zu sein. Anschließend geht er ins Fabrikbüro. Dort gibt er unter anderem die neuen Muster für die Seidenstoffe vor, sei es durch Vorzeichnung oder, wie er dies bei Medaillen öfter tut, indem er den Entwurf beschreibend erläutert. Mendelssohns Sohn Joseph: «In demselben Zimmer nahm er oft Fremde aus allen Ständen auf, die seine Bekanntschaft machen wollten, und er bat oft um Verzeihung, wenn er die Unterredung mit ihnen unterbrach, um einen Seidenwirkmeister oder einen Färber abzufertigen oder eine Auskunft zu geben, die von ihm gefordert war […].»[106] Auch eine kleine Handbibliothek steht ihm dort für etwaige Mußestunden oder -minuten zur Verfügung.

Porträt des nun berühmten Mendelssohn aus der Zeit des «Phädon», das sich der Dichter Johann Wilhelm Ludwig Gleim (1719 – 1803) für seine Privatsammlung bestellt hat. Heute verschollenes Gemälde von Christian Bernhard Rode, 1768. Foto von 1929

Fromet übernimmt es, das Budget auf die immer zahlreicheren Gäste einzustellen. Die Kindheitsfreundin von Mendelssohns Tochter Brendel / Dorothea, Henriette Herz, berichtet, dass Fromet abends «die Rosinen und Mandeln, damals ein Naschwerk de rigueur [unerlässliches Naschwerk], in einem bestimmten Verhältnis je nach der Zahl der Gäste in die Präsentierteller hineinzählte, bevor sie in das Gesellschaftszimmer gebracht wurden»[107]. In den erhaltenen Briefen des Ehepaars ist von Geldangelegenheiten nur insofern die Rede, als Fromet in Mendelssohns Abwesenheit die Führung der Geschäfte übernimmt und ihn über größere Transaktionen informiert, während er sich entschuldigt, ihr wieder einmal einen ungebetenen Gast ins Haus geschickt zu haben. Das Verhältnis der beiden ist und bleibt zeitlebens harmonisch und auf selbstverständliche Weise gut. «Leb wol mein bester Mausche leb lang, wie Du siehst fehlt es mir nit an Gesellschaft aber ich ver sicher Dir wann Du nit da bist, is mir das all's leer! Wenn es Dir nur die Hälfte so schwer an kommen möchte von mir zu sein als es mir is von Dir zu sein so werden mir gewiß keine Stunde in unsren Leben uns verlassen.»[108] Im Jahr des *Phädon*, 1767, wird den beiden eine zweite Tochter, Recha, geboren, die anders als ihre Schwester Brendel / Dorothea Jüdin bleibt und in deren Nähe Fromet nach Mendelssohns Tod mit ihren unmündigen Kindern zieht.

Mutmaßlich Ende 1767 bekommt Mendelssohn einen in hebräischen Buchstaben abgefassten Brief zum *Phädon*, der ihm sehr viel Freude gemacht haben dürfte, obwohl der Schreiber streng mit ihm ins Gericht geht – wegen zu großer Publikumsfreundlichkeit. *Wenn ich hätte vermuthen können, lauter Leser von Ihrer Einsicht zu finden, so würde ich entweder gar nicht oder wenigstens ganz anders geschrieben haben.*[109] Wobei Mendelssohn getrost davon ausgehen kann, dass die meisten Leser nicht über die philosophische Einsichtsfähigkeit des legendären Raphael Levi (1685–1779) verfügen, eines Leibnizianers der ersten Stunde, Verfasser mathematischer Tafeln und jüdisch-religiöser Schriften, der sechs Jahre lang eng mit dem Meister zusammengearbeitet hat. Raphael Levi soll 1716 der einzige Trauergast bei der hastigen Beerdigung von Leibniz gewesen sein und späteren Generationen die heute schön gestaltete Grabstelle gezeigt haben.[110] Levi wird noch mit über neunzig Jahren den jüdischen Aufklärer Isaak Euchel, Mendelssohns hebräischen Biographen, in den «Chochmot», den weltlichen Wissenschaften, ausbilden, der daraufhin bei Kant weiterstudiert (und es 1786 fast zum ersten preußischen Hebräischprofessor jüdischen Glaubens bringt – bis es sich Kant, nach hoffnungsvollen zwei, drei Wochen, wieder anders überlegt). Mendelssohn schickt dem alten Mann eine ausführliche Antwort und stattet ihm jedes Mal einen Besuch ab, wenn er nach Hannover kommt. Levi inspiriert ihn zu seiner *Abhandlung über die Unsterblichkeit der Seele in hebräischer Sprache. [...] Übersetzen lässt sich der Phädon nicht: wenigstens würde er im Hebräischen aufhören verständlich zu seyn, davon bin ich überzeugt.* III

Raphael Levi (1685 – 1779). Jude und Philosoph. Treuer Schüler von Leibniz, Verfasser mathematischer Tafeln und jüdisch-religiöser Werke. Anonymes Gemälde, um 1750

Am 21. April 1768 stirbt Mendelssohns Arbeitgeber Isaak Bernhard, und die Hauptverantwortung für den Betrieb geht an Mendelssohn über, der ihn auf 102 Webstühle erweitert. Anfang 1769 wird ihm sein zweiter Sohn geboren, den er nach den beiden verstorbenen Großvätern «Mendel Abraham» nennt und den er, im Zuge der zeitüblich hohen Kindersterblichkeit, sechs Jahre später, 1775, wieder verliert. (Von den zehn Kindern Fromets und Mendelssohns überleben sechs.) Im gleichen Jahr, 1769, erscheint *Ha-Nefesch* (Die Seele), die hebräische Darstellung der im *Phädon* abgehandelten Themen.

Eine liebe Frau, eine blühende Familie, ein vernünftiges Einkommen, gute Freunde, geachtet und geehrt als Mitglied der Jüdischen Gemeinde, Mitgestalter der neu entstehenden deutschen Literatur und ein bedeutender, selbst erarbeiteter Rang im *Staate der Weltweisen* – der vierzigjährige Mendelssohn scheint, allen Fährnissen zum Trotz, in der Tat in der «besten aller Welten» zu leben.

Schlingen

«Juif à Berlin», «der deutsche Sokrates», «Weisester der Menschen» – man wird der bedeutenden Epoche der Aufklärung nicht gerecht, wenn man nur deren gute, menschenfreundliche Seiten zur Kenntnis nehmen möchte. Im Bemühen, die Welt rational zu deuten, läuft die Vernunft Gefahr, sich mit den einengenden religiösen Zwangsvorschriften der Moral überhaupt zu entledigen – ein von Mendelssohn öfter thematisiertes Problem. Abgesehen davon, dass die keineswegs vernünftigen eigenen Vorurteile gern als objektive Naturgesetzlichkeiten missverstanden werden – die Vorstellung von der ungleichen Abstammung und Ungleichwertigkeit der Menschenarten ist damals erdacht worden.[112] Während die Gegenseite sich keineswegs als überwunden betrachtet und alles daransetzt, die Vertreter der Aufklärung verächtlich und klein zu machen, wobei sie selbst vor Verleumdung und glatter Lüge nicht zurückschreckt.

Dass nun ausgerechnet die Überlegungen eines Juden zu einem so zentralen Thema des Christentums wie der Unsterblichkeit von so vielen Menschen christlicher Religion begeistert aufgenommen werden, der seine Äußerungen zudem einem *Heyden* in den Mund legt, *um [sich] auf die Offenbarung nicht einlassen zu dürfen*[113], macht den frommen christlichen Denkern der Zeit zu schaffen. Während für das Judentum die von Paulus und Luther verpönten «Werke» im Mittelpunkt stehen, die Erfüllung der im Talmud erläuterten 613 biblischen Gebote und Verbote, setzt das Christentum auf den «Glauben», auf die aktive Einsicht in die Erlösung der Welt durch Jesus Christus – was für die rationalistische Aufklärungsphilosophie der Zeit eine größere Zumutung darstellt als die jüdisch-orthodoxe Praxis des *Zeremonialgesetzes*, der

Mendelssohn obliegt. So kommt es zu Gerüchten, Mendelssohn sei eigentlich gar kein Jude mehr, innerlich schon fast ein Christ.

Im April 1763 reist ein zweiundzwanzigjähriger Theologiestudent aus Zürich mit zwei Freunden nach Berlin, wo er bei seinem Landsmann, dem Philosophen Sulzer, auf «kaltem Stroh»[114] übernachtet. Er heißt Johann Caspar Lavater (1741–1801) und hat sich durch sein Auftreten gegen einen tyrannischen Landvogt bereits einen Namen gemacht. Wie viele andere versuchen die drei Mendelssohn kennenzulernen und finden den Philosophen «in seinem Comptoir mit Seide beschäftigt […]. Ein Mann von scharfen Einsichten, feinem Geschmack und ausgebreiteter Wissenschaft. Vertraulich und offenherzig im Umgang […].»[115] Was er zu bereuen Ursache haben wird. Denn die noch in der Ausbildung befindlichen Theologen wollen weniger über Philosophie reden als über die Haltung des jüdischen Denkers zum Dreh- und Angelpunkt ihrer geistigen Existenz: zu Jesus Christus. Man kann davon ausgehen, dass Mendelssohn der erste Jude ist, den sie näher kennenlernen, denn in der Deutschschweiz sind Juden nur in zwei kleinen «Judendörfern» zugelassen und dürfen die Stadt Zürich nicht betreten.[116]

Johann Caspar Lavater (1741–1801). Kupferstich von Christoph Lips, 1781, nach einem Gemälde von Johann Heinrich Wilhelm Tischbein

Sie schauen noch ein, zwei Mal vorbei, bevor sie zu einem Studienaufenthalt zu Johann Joachim Spalding (1714–1804), dem «ersten Prediger» von Barth, weiterreisen. (Spalding wird ein Jahr später Dompropst der Nikolaikirche und damit einer der führenden Kirchenmänner Berlins werden.) Auf dem Rückweg suchen die drei Studenten erneut Mendelssohn auf. Und irgendwann hat der Denker ihrem Drängen nachgegeben: Sofern sich der historische Jesus *1) [...] nie dem Vater habe gleichsetzen wollen, 2) nie für eine Person der Gottheit ausgegeben, 3) daß er sich folglich die Ehre der Anbetung nie angemaßt habe, und 4) daß er die Religion seiner Väter nicht habe umstoßen wollen*[117], könne er ihm *die Hochachtung für den moralischen Charakter*[118] nicht versagen. *Wenn ich nicht irre; so sind Versicherungen vorhergegangen, daß von den Worten, die bey der Gelegenheit vorfallen würden, niemals öffentlicher Gebrauch gemacht werden sollte.*[119]

Umso mehr muss es ihn getroffen haben, als im Oktober 1769, in der Zeit der hohen jüdischen Feiertage, mit Datum vom 25. August 1769, Lavaters Übersetzung von Charles Bonnets französisch verfasster philosophischer Begründung des Christentums bei ihm eintrifft, in deren eingedruckten Widmung an ihn auf ebendieses Treffen sechs Jahre zuvor Bezug genommen wird. Verbunden mit der Aufforderung, die Schrift Bonnets «öffentlich zu widerlegen, wofern Sie die wesentlichen Argumentationen, womit die Thatsachen des Christenthums unterstützt sind, nicht richtig finden: Dafern Sie aber dieselben richtig finden, zu thun, was Klugheit, Wahrheitsliebe, Redlichkeit Sie thun heissen; – was Socrates gethan hätte, wenn er diese Schrift gelesen, und unwiderleglich gefunden hätte.»[120] Mit anderen Worten: eine Aufforderung an den prominentesten jüdischen Denker der Zeit, das Christentum, die herrschende Staatsreligion, öffentlich zu widerlegen – oder selber Christ zu werden.

Wir wissen aus einem Privatbrief, was sich der Schweizer Pfarrer bei seiner Widmung dachte: «Ich hätte die Zuschrift an Moses weggelaßen, wenn ich nicht geglaubt hätte, daß er zu denen philosophischen Juden gehörte, von denen mir Hr. Sp[alding] schrieb, daß sie überhaupt sich gegen das

Der Lavater-Streit in malerischer Verdichtung. Auch wenn Lavater damals viel jünger war, Mendelssohns Wohnzimmer kaum betreten haben wird und seine Übersetzung weder persönlich noch in Anwesenheit Lessings überreichte, erfasst das berühmte Bild des Malers Moritz Oppenheim von 1856 den Vorgang richtig. Lessings Missbilligung war echt – ebenso wie die vielen jüdischen Einzelheiten von Mendelssohns Häuslichkeit, von der kleinen Pergamentrolle am Türpfosten hinten rechts bis zum siebenflammigen Sabbatleuchter an der Decke, mit denen Lavaters drohender Stock und das dunkle Kreuz des im Eifer verschobenen Tischtuchs aggressiv kontrastieren.

Christenthum neigten, wenn es unitarisch [nicht in Konfessionen gespalten] wäre! Froh, dachte ich, werden diese Leüthe seyn, wenn Sie öffentlich aufgefodert werden; wenn ihnen, mit Ihren Rabbinen zubrechen, eine goldene Brüke gebaut wird.»[121]

Mendelssohn dagegen sieht sich aus der zeitlosen *Republik der Weltweisen* in eine Glaubensdisputation des Mittelalters gerissen, als Juden ihr Judentum öffentlich gegen das Christentum zu verteidigen hatten. Taten sie dies zu energisch, brachten sie die gesamte Judenschaft in Gefahr, taten sie es zu milde, riskierten sie für sich und die von ihnen vertretenen Juden die Taufe. Nur dass die jüdischen Religionsgelehrten des Mittelalters auf derartige Provokationen gefasst waren. *Ich hätte alles eher erwartet, als von einem Lavater eine öffentliche Aufforderung.*[122]

Der sich Mendelssohn mit der gleichen Entschlossenheit, Selbstbeherrschung und kaltblütigen Umsicht stellt wie seine rabbinischen Ahnen. Er berät sich mit den Verantwortungsträgern der jüdischen Gemeinde. *Wäre es mir nach gegangen, so häte eine ganz andre t'schuwo [Antwort, auch Umkehr, Buße] geben wollen.*[123] Er fragt beim Konsistorium, der obersten Kirchenbehörde, an, wo und wem er seine Antwort vorzulegen habe. «Herr Moses Mendelssohn könne seine Schriften drucken lassen, ohne sie einzeln oder vollendet dem Konsistorium zur Zensur vorzulegen, weil man von seiner Weisheit und Bescheidenheit überzeugt sei, er werde nichts schreiben, das öffentliches Ärgernis geben könnte.»[124]

In seinem 1770 bei Nicolai veröffentlichten *Schreiben an den Herrn Diaconus Lavater zu Zürich* unterstellt er Lavater (anders als in Privatnotizen) eine *liebreiche, menschenfreundliche Absicht*[125]. Auf einen Religionszwist lasse er sich nicht ein. Ob man das Judentum in irgendwelchen Schriften angreife, sei ihm gleichgültig. *Die verächtliche Meinung, die man von einem Juden hat, wünschte ich durch Tugend, und nicht durch Streitschriften widerlegen zu können.*[126] Als *Mitglied eines unterdrückten*

Volks halte er es für unangebracht, *die Religion des herrschenden Theils zu bestreiten [...],* die *Beschützer [der Juden] von der Seite anzufallen, die tugendhaften Menschen die empfindlichste seyn muss [...]*[127].

Den Bonnet habe er gelesen und bewerte ihn, offensichtlich, anders als Lavater. Wenn dieser allen Ernstes davon ausgehe, *daß ein Sokrates selbst die Beweisgründe des Hr. Bonnet unwiderleglich finden müsse; so ist einer von uns sicherlich ein merkwürdiges Beyspiel, von der Gewalt der Vorurtheile und der Erziehung [...] – Berlin, den 12. December 1769, Ihr aufrichtiger Verehrer, Moses Mendelssohn.*[128]

Zehn Tage nach Abschicken seiner Antwort erhält er einen Brief von Bonnet, der sich in aller Form von der Widmung Lavaters distanziert. Worauf sich Mendelssohn in einem längeren philosophischen Schreiben für die Spitzen gegen ihn entschuldigt und sich eingehend mit Bonnets Argumenten auseinandersetzt.

Lavater nimmt schließlich Mendelssohns Vorschlag an, dem Streit in einer gemeinsamen Publikation ein Ende zu bereiten, und ernennt seinen ehemaligen Professor, Dompropst Spalding, und dessen Archidiakonus Friedrich Germanus Lüdke (1730–1792) zu seinen Stellvertretern. Mendelssohn versichert sich der Unterstützung seines Freundes Nicolai, «des heiligen römischen Reichs Erzzänker»[129]. Und *in dem seltsamsten Concilio, das jemals gehalten worden (es bestand aus zween Geistlichen, einem Buchhändler und einem Juden)*[130], lenkt schließlich auch die Partei Lavaters ein – der so lange immer wieder neue «Zusätze» einzubringen nicht müde wird, bis Nicolai mit Abbruch der Verhandlungen droht: «[Mendelssohn] kann viele Sachen dahingestellt seyn lassen, die Sie genau erörtert wißen wollen. Sie wünschten, daß er ferner kein Jude bliebe, er hat aber nichts dawider einzuwenden, daß Sie ein Christ bleiben.»[131]

Zahlreiche kleinere und größere Geister mischen sich in die Auseinandersetzung ein – die Mehrheit, damals, auf dem

Höhepunkt der Aufklärung, auf Seiten Mendelssohns, der unter anderem vom Philosophen Georg Christoph Lichtenberg (1742–1799) und dem Orientalisten Michaelis unterstützt wird. Aber keineswegs alle Autoren sind Mendelssohn-freundlich. «Ich betaure unsern Moses, der sich eine Menge kleiner Kläffer auf den Hals gezogen. Das Kälbele von Frankfurth ist gar ein Ochs.»[132] Lessing spricht vom Privatgelehrten Johann Balthasar Kölbele (1726–1778), einem angeheirateten Goethe-Verwandten (und Goethe-Lehrer) aus Frankfurt, der derart viele juden- und Mendelssohn-feindliche Pamphlete publiziert, dass der maßlos Attackierte nicht umhinkann, sich in einem Teil seiner *Nacherinnerung* mit *Herrn Dr. K.* zu befassen: *Wenigstens in dieser Angelegenheit mögen Auffoderungen, Zumuthungen, Angriffe, Widerlegungen herauskommen, von wem man will, so viel man will, so höflich oder unhöflich man will, ich werde nicht eher antworten, als bis ich glauben werde, meine Zeit nicht nützlicher anwenden zu können.*[133]

Als Mendelssohn am 7. August 1770 sein Sohn Joseph geboren wird, scheint die Affäre ausgestanden. Doch nun wird in einer Jenaer Zeitung ein Tagebuchauszug in lateinischer Sprache abgedruckt, der den vor sechs Jahren erfolgten Besuch Lavaters und seiner Studienkollegen aus der Sicht eines der beteiligten Schweizer Studenten (wahrscheinlich Lavaters) schildert, was neue, anstrengende Anfragen und weitere Klarstellungen erforderlich macht.

Auch die Geburt des Sohnes bewirkt – mutmaßlich – weitere Sorgen, denn seit Ende März 1769 ist das Porzellanedikt Friedrichs II. in Kraft, dem zufolge «Schutzjuden» nach «Ansetzung eines Kindes» einen Porzellankauf in der Höhe von 300 Talern beim ersten und von 500 Talern bei weiteren Kindern zu tätigen haben. Die Betroffenen haben keine Wahl, wenn man die riesige Porzellanmenge wieder verkaufen will, muss sie aus Preußen exportiert werden. Inwieweit dies Mendelssohn betrifft, der als «außerordentlicher Schutzjude» kein Bleiberecht zu vererben hat, ist unklar. In den erhaltenen

Listen der jüdischen Porzellanabnehmer taucht sein Name nicht auf. Doch der Urenkel Sebastian Hensel weiß von zwanzig Porzellanaffen[134] zu berichten, die wohl oder übel zu Familienerbstücken wurden und in Einzelexemplaren erhalten blieben. Dabei handelt es sich nachweislich um Meißener Porzellan. Vermutungen, die Affen könnten aus offizieller preußischer Kriegsbeute stammen, haben sich als zweifelhaft erwiesen.[135] Hensel bringt den Erwerb mit der Hochzeit Mendelssohns von 1762 in Zusammenhang, als die Manufaktur noch nicht in königlichem Besitz und das Porzellanedikt noch nicht in Kraft war – was eine Sonderabnahme privater Kriegsbeute zum Zwecke der Erlangung einer Hochzeitserlaubnis nicht ausschließt. Denkbar ist auch eines der komplexen Gegengeschäfte, mit denen sich die Juden der Zeit über restriktive Gesetzgebungen hinweghalfen; schwer abzusetzendes «Judenporzellan» gab es in Preußen genug.

Porzellanaffe aus dem Besitz der Familie Mendelssohn, Manufaktur Meißen. Foto von 1929

Die Affäre schwelt weiter. Charles Bonnet nutzt die kritischen Bemerkungen aus Mendelssohns Privatbrief, um einen Kommentar – «Recherches» – zu seinem eigenen Buch zu verfassen. Um Mendelssohn weitere Unannehmlichkeiten zu ersparen, nimmt er dabei ausdrücklich nicht auf ihn als Urheber Bezug. Da er aber den «Recherches» ein Abschlussdatum gibt, das vor Mendelssohns öffentlicher Erklärung gegen Lavater

Lavater ist ein Schwärmer, als nur einer des Tollhauses werth gewesen. Er macht schon kein Geheimniß mehr daraus, daß er Wunder thun kann, zur Folge seiner Meinung, daß die Wundergabe das Kennzeichen eines wahren Xten sey. So gut sich unser Freund von ihm los zu winden gesucht: so fürchte ich doch, daß der Schwärmer den Philosophen nicht eher als mit der Morgenröthe loslassen wird, wenn er seine wahre Gestalt zu erkennen vermeinet, und bis ihm dieser das Gelenke seiner Hüfte verrenken müssen. Des Segnens wird er ihm sodann erlassen.

Gotthold Ephraim Lessing an Friedrich Nicolai, 2. Januar 1770

liegt, könnte dies einem mit den Einzelheiten unvertrauten Beobachter den Schluss nahelegen, Mendelssohn habe seine Einsichten bei Bonnet abgeschrieben. Selbst wenn der Genfer Theologe dergleichen kaum beabsichtigt hat – Mendelssohns Geduld ist am Ende. Er beantwortet die Briefe Bonnets nicht mehr und spricht über ihn mit schneidender Verachtung. Gut tut ihm die Aufregung nicht. *Ich bin so wenig im moralischen, als im physischen Verstande zum Athleten geboren.*[136]

Im Oktober 1770 klagt der Mann, der sich als hungriger Jugendlicher den Brotlaib mit Strichen eingeteilt und die Gegenwartsphilosophie auf Lateinisch mit Hilfe eines alten Wörterbuchs erarbeitet hat, seinem Freund Nicolai, im Leben zu wenig für *die Wissenschaften* getan zu haben: *Entschlossenheit, Entschlossenheit! Dise hat mir zu allen Zeiten gefehlt.*[137] Im Dezember desselben Jahres entschuldigt er sich bei Immanuel Kant nach der Lektüre von dessen Dissertation, er sei wegen seines *sehr geschwächten Nervensystems, kaum im Stande [...] etwas spekulatives von diesem Werthe, mit gehöriger Anstrengung durch zu denken*[138]. Auch wenn dem drei Seiten scharfsinnige Anmerkungen folgen, Mendelssohns inneres Gleichgewicht ist gestört. Er versucht sich bei der Übersetzung der Psalmen aus dem Hebräischen ins Deutsche zu erholen – die er nicht als Bestätigung für diese oder jene Glaubensauslegung begreift, sondern, im Sinne des von ihm besonders geschätzten anglikanischen Bibelkenners Robert Lowth (1710–1787, Lordbischof von London), als «Sacra poesi Hebraeorum», als «heilige Dichtkunst», die er in freie, rhythmisch-poetische Verse überträgt. *Soviel ist gewiß, mir haben die Psalmen manche bittere Stunde versüßt, und ich bete und singe sie, so oft ich ein Bedürfniß zu beten und zu singen bey mir verspüre.*[139]

Ende März 1771, wenige Wochen nachdem Lavater Bonnet mitgeteilt hat, dass er, Lavater, «der [...] durchaus unpartheyisch zuurtheilen im Stand» sei, Mendelssohns «Betragen [...] unerklärlich und sehr klein» finde – «Moses wird mir immer ein Räthsel des Verstandes u. des Herzens bleiben»[140] –, erleidet dieser einen psychophysischen Zusammenbruch. *Im Anfalle, der mich beim ersten Erwachen aus einem unruhigen Schlafe anzuwandeln pflegte, hatte ich mein völliges Bewußtseyn, war im Stande, jede Gedankenreihe, die ich mir vornahm, mit Ordnung und Deutlichkeit zu verfolgen; nur daß ich aller willkührlichen Bewegung schlechterdings unfähig war; weder ein Glied am Leibe regen, noch einen Laut von mir geben, oder die Augen aufthun konnte, und jede Bemühung, die ich anwandte, irgend ein Glied zu bewegen, war völlig fruchtlos, und vermehrte nur die sehr widrige Empfindung, von welcher dieser Zustand begleitet war. Es war mir nehmlich dabei, als wenn etwas glühendes vom Gehirn herab, den Rückgrad entlang, einströmen wollte, und Widerstand fände, oder als wenn jemand mit glühenden Ruthen mir den Nacken geißelte. Ich mußte mich also vollkommen ruhig halten, bis ein Eindruck von außenher den Lebensgeistern gleichsam die Schleusen öfnete, daß sie freien Einfluß hatten, und nunmehr war auch in dem selben Augenblick alles wieder hergestellt, und ich völlig wieder Herr über meine freiwilligen Bewegungen.*[141] Eine Art Wachohnmacht, etwa eine halbe Stunde nach dem Einschlafen auftretend, von Herzklopfen, Wallungen und Angstzuständen begleitet, die erst durch einen Außenreiz (Geräusch, Flohbiss etc.) aufgehoben wird und am nächsten Tag schwere Schwindelanfälle und Kopfweh nach sich zieht.[142]

Von seinem Arzt Marcus Elieser Bloch (1723–1799) als von der modernen Medizin nicht nachvollziehbaren «Blutstau im Gehirn infolge von Überanstrengung» diagnostiziert, von Mendelssohn selbst als Nervenschwäche empfunden,

Der jüdische Gelehrte hat sich, so viel mir bekannt geworden, bisher noch nicht öffentlich als ein angreifender Feind und Lästerer unsers Erlösers, und seiner allerheiligsten Religion bewiesen. Indessen ist er bey aller seiner übrigen Geschicklichkeit ein Jude, und seine abgegebne Erklärungen zeigen genugsam, wie er im Herzen gegen Jesum und gegen seine Lehre gesinnet sey. Die übertriebenen Lobsprüche und Schmeicheleyen, mit welchen er von Christen, von Gelehrten, von Gottesgelehrten beehrt worden, sind daher unwidersprechlich der Ehre unsers Erlösers nachtheilig, und können mit den Gesinnungen, welche wahre Christen gegen denselben haben müssen, nimmermehr bestehen [...].

Melchior Goeze, Hauptpastor in Hamburg, «Eine Predigt von der Liebe gegen fremde Religions-Verwandte», 1771

könnten aus heutiger Sicht epilepsieähnliche Lähmungszustände und/oder Herzrhythmusstörungen vorliegen.[143] Wie immer – die Attacken, die ihm in abgeschwächter Form bereits um 1758 nach einer größeren geistigen Anstrengung zu schaffen gemacht haben, hören nicht mehr auf. Die Behandlung besteht in kalten Kopfduschen, für die er sich die Haare kurz scheren oder abrasieren muss, in kalten, milde steigenden Fußbädern, Aderlässen am Fuß, Verzicht auf alle gegorenen Getränke, Tabak, Fleisch und Kaffee, in der regelmäßigen Einnahme eines sauren abführenden Getränks (was Mendelssohns bekannte Vorliebe für Zucker erklären könnte) und einem möglichst kurzen Schlafrhythmus. Er darf nur mit hochgelegtem Kopf schlafen und hat, fürs Erste, auf jede geistige Tätigkeit zu verzichten. Selbst als Fabrikleiter setzt er mindestens zwei Monate aus. Friedrich Nicolai sieht «aus Liebe für ihn»[144] von den gewohnten häufigen Besuchen ab, weil die angeregten Gespräche, die die beiden guten Freunde so gerne miteinander führen, sogleich dessen Zustand verschlechtern.

[Psalm] CXLII.

1. Unterweisung von David. Gebet, da er in der Höhle war.
2. Mit lauter Stimme schrei ich zum Herrn;
Mit lauter Stimme ruf ich an;

3. Schütte meine Klage vor ihm aus;
Bringe meine Noth vor ihn;
4. Wenn mein Geist in mir verzagt.
Dir! dir ist mein Pfad bekannt!
Wohin ich trete,
Sind Schlingen mir gelegt.
5. Schaue hier, blicke dort!
Niemand will mich kennen.
Alle Zuflucht ist dahin;
Meiner nimmt sich niemand an.
6. Ich schreye, Herr! zu dir!
Du bist noch meine Zuversicht,
Mein Erbtheil in dem Lebenslande!
7. Vernimm mein Angstgeschrey;
Ich werde hart geplagt.
Rette von Verfolgern mich;
Denn mir sind sie zu mächtig.
8. Befrey mich aus dem Kerker,
Daß ich deinem Namen danke.
Gerechte krönen sich durch mich,
Wenn du Wohlthat mir erzeigest.[145]

Wohltaten werden Mendelssohn erzeigt – bereits am 7. Februar 1771 wird er von Sulzer, dem Präsidenten der philosophischen Klasse der Königlichen Akademie, offiziell angefragt, ob er «ordentliches Mitglied der Philosophischen Claße» werden wolle, «obgleich itzt vor der Hand keine Pension dabey ist»[146]. Aber in Aussicht. Und damit, gerade jetzt, die Befreiung vom oft mühsamen Broterwerb. Die Zustimmung des Königs wird für eine Formsache gehalten. Was der König anders sieht. Und, bei ihrer nächsten Sitzung im September, auch die Akademiker, die nach einem tapferen ersten Anlauf Mendelssohns Namen von der Vorschlagsliste streichen. Dazu der Dichter und Philosoph Abraham Gotthelf Kästner (1719–1800):

«Ein neuer Dionys rief von der Seine Strande
Sophistenschwärme her für seinen Unterricht
Ein Plato lebt in seinem Lande
Und diesen kennt er nicht.» [147]

Was Mendelssohn dabei empfand, ist einem Brief zu entnehmen, mit dem er viele Jahre später seinen jungen Freund Herz Homberg tröstete, als diesem an der Wiener Universität die erhoffte «Correpetitoren»-(Assistenten-)Stelle infolge kaiserlicher Intervention entging. Das sei immer noch besser, *als wenn die Majestät Sie approbirt, die Philosophie aber Sie als untüchtig verworfen hätte. Ich habe, wie Sie wissen, ein ähnliches Schicksal gehabt. Die Academie hat mich zum Mitgliede gewählt, des Königs Majestät aber die Wahl nicht bestätigt. Warum? Das weiß ich eben so wenig, als Sie jetzt wissen, warum Sie der Kaiser nicht zum Correpetitor haben will. Religionshaß ist es doch sicherlich nicht.* [148]

Verlässlicher ist die Ehrung der Jüdischen Gemeinde, die ihm, in der Sitzung vom 1. April 1771, gleich nach seinem gesundheitlichen Zusammenbruch, in der offenbaren Absicht, ihn zu trösten und zu stärken, die Wählbarkeit zum «Parnass», zum «Gemeindevorstand», verleiht, die sonst nur hohen Steuerzahlern mit langjähriger Diensterfahrung in der mittleren Gemeindeleitung zusteht. «Auch wenn dies den Gemeindestatuten widerspricht», vermerkt das Protokollbuch, «dürfen bei einem so bedeutenden Mann sämtliche Bestimmungen außer Kraft gesetzt werden.» [149] Doch erst neun Jahre später, 1780, wird Mendelssohn gesund genug sein, die ihm zugedachten Ämter übernehmen zu können.

Im Sommer 1771 reist der berühmte Arzt und Hobbyphilosoph Johann Georg Zimmermann (1728–1795) nach Berlin, ein gebürtiger Schweizer, den sowohl der englische König George III. wie Friedrich II. zum Leibarzt ernannt haben, um sich als Mann der Wissenschaft selbst einem neuartigen medizinischen Eingriff zu unterziehen, einer von ihm und seinem Operateur, Professor Meckel, genau dokumentierten Bruchoperation, die positiv verläuft. Die Rekonvaleszenz nutzt Zimmermann zum Austausch mit lokalen Geistesgrößen, darunter «der Jude, Schriftsteller und Kaufmann Moses Mendelssohn in Berlin, der so tief als Leibniz sieht, so groß als Plato denkt, so wizig als Pope redt, so schön als Addison schreibt, und so fromm als Boerhaave lebt» [150].

Zimmermann, der in Bezug auf Diagnose und Therapie bereits schriftlich zurate gezogen worden war, behandelt nun Mendelssohn unentgeltlich mit, dessen Arztrechnungen 1774 auf 1400 Taler aufgelaufen sind, die er mühsam aus Verbindlichkeiten seines Verlegers Nicolai begleicht.

Ende September 1771, wenige Tage nach der endgültigen Streichung von der Liste der Kandidaten, wird Mendelssohn durch königliche Order nach Schloss Sanssouci bestellt, wo es zu einem Treffen zwischen dem «neuen Dionys» und seinem «Plato» hätte kommen können – und nicht gekommen ist. Der siebzigjährige sächsische Minister Fritsch ist bei Friedrich II. in Potsdam zu Gast. Und will, wie er dem König am Sonntag sagt, am Montag über Berlin nach Hause reisen. Wieso das? «Er müsse Hn. Moses Mendelssohn sprechen und kennen lernen, worauf aber Se. Maj. repliciret: Er möchte nur in Potsdam bleiben, Hr. Moses solten herüberkommen, weshalb dann auch gleich das Schreiben an dieselben abgegangen.» [151]

Der «berühmte Moses Mendelssohn» solle sich am Montag, dem 30. September 1771, in Potsdam einfinden. Da der Tag auf «Schemini Azeret», einen kleineren jüdischen Feiertag, fällt, an dem Mendelssohn eigentlich nicht mit dem Wagen fahren dürfte, fragt er, als orthodoxer Jude, beim Rabbinat an, und erhält, da es sich um einen königlichen Befehl handelt, eine Sondererlaubnis.

Friedrich Nicolai: «Sie ersuchten aber zugleich den Reisenden, daß er, um des Volkes willen, welches die Umstände nicht wissen könne, aus dem Thore zu Berlin zu Fuß gehen, und vor Potsdam aus dem Wagen steigen und zu Fuß hineingehen möchte.

... am 30. September 1771. Kupferstich von Michael Siegfried Lowe, 1791, nach einer Zeichnung von Daniel Chodowiecki, der Mendelssohn gut gekannt und mehrmals porträtiert hat. Die einzige halbwegs zeitgenössische Ganzkörperdarstellung

Dies geschah. Moses ward beim Eintritte in Potsdam von der Schildwache mit einem ‹wo will der Jude hin?› aufgehalten. Zu gleicher Zeit kam ein ganz junger Officier heraus, um ihn zu examiniren. Moses gab auf Befragen was sein Geschäft in Potsdam sei, zur Antwort: er komme auf Befehl des Königs dahin und überreichte dabei den obengedachten Brief. Der Officier las ihn bedächtig durch, und indem er nochmals auf das Wort berühmt sah, fragte er den Philosophen: Worin ist Er denn so berühmt, daß Er hieher berufen wird? – Moses, obgleich sonst sehr ernsthaft, konnte doch bei Vorfällen dieser Art, welche ihm in seinem Leben einigemal begegneten, eine gewisse Laune nicht verleugnen; er antwortete ganz gelassen: ‹Ich spiele aus der Tasche.› – ‹So!› lautete der Bescheid, ‹Geh Er nur in Gottes Namen!›» [152]

Der Vorgang ist durch mehrere Briefe und Erinnerungen bezeugt, selbst vom «Regnigten Wetter», bei dem Mendelssohn um elf Uhr zu Fuß im Schloss ankam, sind wir unterrichtet. Man weiß, dass er nur mit dem sächsischen Minister, nicht mit dem König gesprochen hat, eine Viertelstunde vor dem Mittagessen, zu welchem der hohe Diplomat um zwölf Uhr beim König geladen war, und noch einmal ausführlich nach sechzehn Uhr. Ob sich der König mit dem Minister über seinen berühmten Untertan unterhielt, ist unbekannt; fest steht, dass zumindest der Seidenfabrikant Mendelssohn daraufhin von der preußisch-königlichen Verwaltung mit Achtung behandelt wird, indem die Behörde in ebendiesem Jahr die Vorschläge Mendelssohns zur Vereinfachung des Rohstoffimports aufgreift und umsetzt.

Unabhängig von den Beziehungen zum König entwickelt sich Mendelssohns Verhältnis zu dessen Schwester Luise Ulrike, der Königinnenwitwe von Schweden, die Anfang Januar 1771 in Berlin mit dem «fameux juif», dem berühmten Juden, ein zweieinhalbstündiges Gespräch führt, das ihr, wie sie ihrem Sohn Gustav III., dem König von Schweden, schreibt, keine Sekunde zu lang vorkam.[153]

Der Jude

Die Angriffe aus der Welt der Aufklärung, verbunden mit dem Schock der Krankheit, führen zu einer Veränderung in Mendelssohns Lebenshaltung. Zu Beginn der Kontroverse, im März 1770, hatte er sich noch als gleichberechtigter Bürger der *Republik der Weltweisen* empfunden: *Sie [Lavater] sind ein christl. Prediger, ich ein jüdischer Buchhalter. Was thut dieses? Wenn wir dem Schafe und dem Seidenwurm wiedergeben, was sie uns geschenkt haben; so sind wir beide Menschen.*[154] Dann hatte er erfahren müssen, dass er auch in der Gelehrtenrepublik, zumindest von einer starken Minderheit, trotz oder gerade wegen seiner überragenden Leistung vor allem als eines wahrgenommen wird: als Jude.

Die jüdische Welt, der sich Mendelssohn zeitlebens zugehörig fühlt, hat sich seit seiner Jugend stark verändert. Mit der beginnenden Industrialisierung, an der er als Leiter einer Seidenmanufaktur beteiligt ist, haben sich die wirtschaftlichen Bedingungen für Juden in Deutschland so weit stabilisiert, dass die Grenzen zur Mehrheitskultur durchlässiger werden – was neue, innerjüdische Probleme mit sich bringt. Die sich verschärfen, nachdem die Rabbiner Jakob Emden und Jonathan Eibenschütz in einer heftigen innerjüdischen Kontroverse die rabbinische Autorität insgesamt beschädigen.

Das polnische Judentum hatte trotz vieler äußerer Bedrängnisse jahrhundertelang eine geschlossene Einheit gebildet und den Juden Deutschlands gerade in der Umbruchzeit der letzten Jahre überlebenswichtige Rabbiner und «Hauslehrer» gestellt, denen nun immer mehr zum Vorwurf gemacht wird, dass sie über geringe weltliche Bildung und keine deutschen Sprachkenntnisse verfügen. Doch während das deutsche Judentum wieder erstarkt, werden die Juden Polens mit ihrer Heimat unter verschiedene Herrschaftssysteme aufgeteilt. Sie finden Rettung im Chassidismus, einer gefühlsmächtigen Neuauffassung der Religion, bei der die Innenschau bestimmend ist, während die Autorität der daniederliegenden Gemeindeorganisation auf als wundermächtig empfundene einzelne Rabbiner übertragen wird. Was traditionell orthodoxen Kreisen ebenso besorgniserregend erscheint wie die beginnende kulturelle Emanzipation in den jüdischen Gemeinden Deutschlands, an der Mendelssohn, allein durch sein Beispiel, entscheidend Anteil hat. Nun will er mehr.

Ich verlohr die Fähigkeit zu meditiren, und mit ihr Anfangs den größten Theil meiner Zufriedenheit. Nach einiger Untersuchung fand ich, daß der Ueberrest meiner Kräfte noch hinreichen könne, meinen Kindern und vielleicht einem ansehnlichen Theil meiner Nation einen guten Dienst zu erzeigen, wenn ich ihnen eine bessere Uebersetzung und Erklärung der heiligen Bücher in die Hände gebe, als sie bisher gehabt. Dieses ist der erste Schritt zur Cultur, von welcher meine Nation leider! in einer solchen Entfernung gehalten wird, daß man an der Möglichkeit einer Verbesserung beynahe verzweifeln möchte.[155] Mit den *heiligen Büchern* meint Mendelssohn die Thora mit den fünf Büchern Moses, den «Pentateuch», und mit *Uebersetzung* dessen Übertragung in die deutsche Hochsprache – ein Unternehmen, wofür er, als Jude, kaum Vorbilder hat. Immerhin hatte schon der große Bibel- und Talmudkommentator Raschi (Schlomo ben Isaak, 1040–1107) schwierige Bibelstellen in die damalige Landessprache, auf in hebräischen Buchstaben notiertes Altfranzösisch, übertragen. Und Mendelssohn hat bereits einige Bibelstellen zum Nutzen seiner Kinder ins Deutsche übersetzt, zunächst ohne an eine Veröffentlichung zu denken.

Die Probleme, auf die er sich bei einem solchen Projekt einlässt, dürften ihm von den Erfahrungen seines Griechischlehrers her, des auf offenem Marktplatz beschimpften Rektors Damm, bekannt sein. Mendelssohn hat den Talmud stets hochgehalten und verteidigt: *Der Talmud […] ist der Inbegrif aller unserer Gesetze, Sitten und Gebräuche, unserer Glaubenslehren, und unserer Weisheit.*[156] Doch als Denker, der sich früh und intensiv mit der hebräischen Sprache und den großen jüdischen Philosophen des Mittelalters auseinandergesetzt hat, lehnt er eine sich ausschließlich auf den Talmud konzentrierende Ausbildung ab. Zum anderen ist die gebräuchliche Umgangs- und Schreibsprache der damaligen abendländischen Judenheit, das Jiddische – *die jüdischdeutsche Mundart* –, für Mendelssohn nicht, wie in heutiger Wahrnehmung, eine eigenständige Sprache, sondern eine Mischsprache, die er als *Jargon* ablehnt. *Nur keine Vermischung der Sprachen!*[157]

Damit nicht genug. Bevor er mit der Übersetzung beginnt, will er einen möglichst exakten hebräischen Urtext zusammenstellen, der im klassischen mehrspaltigen Satzspiegel jüdisch-religiöser Literatur gemeinsam mit der Übersetzung, grammatischen Erläuterungen und einem Kommentar auf einer Seite abgedruckt werden soll. Dabei will er auch neue Arbeiten auf dem Gebiet der Bibelforschung berücksichtigen, gleichgültig welcher religiösen Provenienz – ein Riesenunternehmen für sich.

Der kritische Denker ist zum kritischen Juden geworden – sowohl im Hinblick auf seine Mitjuden wie in Bezug auf deren nichtjüdische Umwelt, auf die er nun beide bewusst verändernd einzuwirken beginnt. Wie folgenreich, ist ihm selbst weniger deutlich als der neuen Generation junger Juden, die mittlerweile seinen Umgang sucht. Darunter der Fabrikantensohn David Friedländer (1750–1834), der 1771

[Junge jüdische Männer] strömten zu ihm, wie sonst zu einem berühmten Rabbi. Keinem Jüngling war der Zutritt verwehrt, und die ächten Jünger der Weisheit konnten auf freundliche Aufnahme mit Sicherheit rechnen. Das Gespräch leitete sich von selbst ein, war leicht, ungezwungen und freimüthig. […] Die Sophistereien der [talmudischen Streitigkeiten], die Geringfügigkeit und Kleinlichkeit [der Ritualgesetze] waren im gewöhnlichen Leben schon Gegenstände des Spöttlens geworden, aber dem ungeachtet in Mendelssohns Gegenwart enthielt man sich, ihrer im Ernst oder Scherz zu erwähnen.

David Friedländer, «Fragmente», 1819

in die Stadt kommt und Mendelssohns treuer (nicht immer konsequenter) Schüler wird. Oder der philosophisch hochbegabte Marcus Herz (1747–1803), ein Lieblingsschüler Immanuel Kants, der seinem Lehrer bei der Verteidigung von dessen Antritts-Dissertation beistehen durfte und seit 1774 in Berlin als Arzt praktiziert – im einzigen weltlichen geistigen Beruf, der einem damaligen Juden offen steht.

Die nächsten drei Jahre braucht Mendelssohn, um seine Gesundheit wiederherzustellen. Was ihm dank einer disziplinierten Lebensführung und seines entschiedenen Genesungswillens gelingt. Der behandelnde Arzt, Marcus Elieser Bloch: «Was ich mir bey ihm am schwersten vorstellte, war die Unterlaßung alles Lesens, Schreibens, aller gelehrten Gespräche, und des Nachdenkens. Hier, dachte ich, wird der Philosoph scheitern. Unmöglich wird er seine gedankenreiche Seele in Banden legen, unmöglich sich der, ihm von Jugend auf am liebsten gewesenen Beschäfti-

David Friedländer (1750–1834), Mendelssohns treuer, nicht immer konsequenter Schüler. Gemälde von Friedrich Georg Weitsch, um 1788

Marcus Herz (1747–1803), Mendelssohns philosophischer Briefpartner und gelegentlicher Arzt. Gemälde von Friedrich Georg Weitsch

gung des Denkens entziehen. Ich wunderte mich daher nicht wenig, als ich einmal, da ich ihn besuchte, auf die Frage, wie er sich die Langeweile vertriebe? zur Antwort erhielt: Ich zähle meines Nachbars Dachziegeln.»[158]

Doch wenn er gebraucht wird, ist er da. 1772 verbietet der Graf von Mecklenburg-Schwerin seinen Juden, ihre Toten, wie bisher, umgehend – das hieß spätestens innerhalb von vierundzwanzig Stunden – zu begraben. Was der Graf, menschenfreundlich genug, damit begründet, die Beerdigung von Scheintoten verhindern zu wollen. Und zugleich, auf Veranlassung eines christlichen Judaisten, mit der Behauptung, die frühe Beerdigung sei religiös keineswegs vorgeschrieben – was ihm die Handhabe zur Einmischung überhaupt erst gibt. In ihrer Not wenden sich die Juden Schwerins an zwei Autoritäten: an den berühmten Rabbiner Jakob Emden (der die religiöse Stimmigkeit ihres Vorgehens beurkunden soll) und an Moses Mendelssohn.

Am 18. Mai geht der Brief der Gemeinde an Mendelssohn ab. Am 9. Juni hat er die gewünschte deutsche Bittschrift an den Grafen verfasst, den er ersucht, die alte Tradition nach Ausstellung eines neutralen ärztlichen Totenscheins zu gestatten – samt einem hebräischen Brief an die Gemeindeoberen, sich schlimmstenfalls auf die Praxis talmudischer Zeiten zu besinnen, wo die in Höhlen bestatteten Toten drei Tage lang beobachtet wurden, eben um die Beerdigung von Scheintoten zu verhindern. *Und wenn ich jedoch wüßte, daß Sie mich nicht hören wollen, denn die Gewalt des Brauches ist mächtig und stark, und ich werde vielleicht in Ihren Augen wie einer sein, der irrt, siehe, so habe ich meine Seele gerettet.*[159] Womit er sich, als echter Aufklärer, weniger gegen das Gesetz als gegen die mystische Tradition und Dämonologie stellt.

Da der Graf auf den von Mendelssohn vorgeschlagenen Kompromiss eingeht, hätte man die Angelegenheit auf sich beruhen lassen können. Doch Rabbiner Jakob Emden, der große alte Mann der Orthodoxie, der in den ganzen Vorgang mit einbezogen war, greift Mendelssohn wegen dessen Gesetzesdeutung heftig an. Trotzdem der Briefwechsel nicht abbricht und Emden von Mendelssohn auch späterhin mit Achtung spricht, zieht der sich damit den Ruf eines Neuerers und in orthodoxen Fragen unzuverlässigen Freigeists zu – und wird unwillkürlich in die Abwehrhaltung gegen das traditionelle Rabbinat gedrängt, die ihm seine christlichen Bewunderer und jungen jüdischen Anhänger stets unterstellt haben. In der Frage des frühen Begräbnisses wird es – mit Mendelssohns Sohn Joseph und seinem hebräischen Biographen Isaak Euchel an der Spitze [160] – später tatsächlich zu einer Spaltung zwischen traditionell Orthodoxen und freieren, aus eigener Sicht aufgeklärteren Interpreten des Judentums kommen. Was beide Seiten, positiv oder negativ, auf Mendelssohn zurückführen, der im Zusammenhang mit seiner Pentateuchübersetzung gar den Ruf eines «jüdischen Luther» erhält. Angestrebt hat er ihn nicht.

Auch junge Christen suchen Mendelssohns Umgang. Anfang 1773 [161] stellt sich ihm in Berlin ein junger dänischer Diplomat aus Schleswig-Holstein vor, August Hennings (1746–1826), der ihm für den Rest seines Lebens ein guter Freund und wichtiger Briefpartner werden wird. Im Sommer 1773 kann Mendelssohn endlich die von seinen Ärzten vorgeschlagene Kur in Bad Pyrmont wahrnehmen – als Begleiter von Zacharias Ephraim, dem Sohn des Münzjuden Veitel Ephraim, der über die Mittel

August Hennings (1746 – 1826), Briefpartner und Freund. Kupferstich von Friedrich Wilhelm Bollinger, 1799

verfügt, während einer Brunnenkur in der Fremde die Einhaltung der religiösen Speisevorschriften sicherzustellen. Als die Reisegesellschaft wegen des Sabbat am 16. Juli in Braunschweig Station macht, besucht Lessing dort, von Wolfenbüttel herüberkommend, seinen alten Freund. Am 1. August meldet er Fromet: *Ich befinde mich t"l [todah le-el, Gott sei Dank] beim Brunen über die Massen wohl.* Er berichtet von geplanten Ausflügen auf der Rückreise und seiner Vorfreude auf das Wiedersehen mit ihr und den Kindern. *Um gern in Berlin zu sein, mus man zu weilen reisen.*[162]

Um den Jahreswechsel 1773/74 erreicht Mendelssohn der hebräische Brief eines jungen Bekannten, Avigdor Levi, der, des Diebstahls verdächtigt, ohne Anklage und Prozess seit zehn Monaten im Gefängnis von Pirna festsitzt, «eingesperrt [...] in einem Kerker mit eisernen Fesseln, ganz von Eisen umringt»[163]. Sein einziger Halt ist ein hebräischkundiger Prediger, ein Bewunderer Mendelssohns, der wahrscheinlich Levis Kassiber herausgeschmuggelt hat. Mendelssohn antwortet an die offizielle Gefängnisadresse, in hebräischen Buchstaben, aber auf bestem Deutsch. *Da ich Ihre Denkungsart kenne, so zweifle nicht, dass Sie gerechte Sache haben, ob ich gleich nicht weiss, was Ihnen eigentlich Schuld gegeben wird. Freilich wird am Ende die Unschuld an den Tag kommen, und Recht doch Recht bleiben müssen. Die Gerechtigkeit tuht zwar zur Rettung der Unschuld nur sehr langsame Schritte; aber wir wollen hoffen, desto sichere.*[164] Der Brief geht, wie zu erwarten, durch die Gefängniszensur, Avigdor Levi rückt vom namenlosen Juden zum genierlichen Fall auf – und wird entlassen.

Im Sommer 1774 reist Mendelssohn noch einmal nach Pyrmont, wieder als Begleiter eines «wohlhabenden Israeliten». Diesmal begegnet er Johann Gottfried Herder (1744–1803), mit dem er seit längerem in Briefwechsel steht, sowie dessen Arbeitgeber, dem Grafen zu Schaumburg-Lippe (einem großen Gönner von Mendelssohns früh verstorbenem Freund Abbt), und dessen junger Frau. *Frey von allen Vorurtheilen, die zu Zwie-*

Moses Mendelssohn, 1773. Das Profil, das Daniel Chodowiecki nach der Natur in einen mit dem Storchschnabel verkleinerten Schattenriss eingearbeitet hat, gilt als exakteste Darstellung Mendelssohns.

spalt und Menschenhaß führen; war er von den ächten wohlthätigen Lehren der Religion, bis zur Schwärmerey durchdrungen.[165]

Den beiden Adligen, die schwer am Verlust ihres einzigen Kindes tragen, bietet der Umgang mit dem Autor des *Phädon* Trost. Wie er denn die Gabe hat, anderen Menschen in seelischen Notsituationen oder bei Gewissensproblemen zu helfen – schriftlich oder durch persönliche Intervention. Karl Philipp Moritz: «Alle seine Gespräche, ja man könnte sagen, jedes Wort von ihm war lehrreich und unterrichtend; weil er kein einziges Wort überflüßig oder am unrechten Orte sagte – Sobald sein Urtheil über irgend einen Gegenstand der Unterredung in seinen Gedanken noch nicht entschieden war, schwieg er – aber wenn er dann sprach, so war auch Gedank' und Ausdruck abgewogen – [...] Schon sein bejahendes Kopfnicken in der Unterredung war sehr bedeutend – und man konnte sicher darauf bauen – denn auch jede seiner Geberden, war dem auf weise Ueberlegung gegründeten, feststehenden Gedanken heilig, dem sie zum lebendigen Ausdruck dienen sollte. – [...] In seiner Gegenwart war einem wohl – man fühlte sich schon durch seinen Anblick erhoben und ermuntert – und nie ist vielleicht einer ungebessert von ihm gegangen.»[166]

1773 kann ihn der Berliner Zeichner Daniel Chodowiecki (1726–1801), ein guter Bekannter, bereits mit nachgewachsenen eigenen Haaren porträtieren, die auf dem Profilbild von 1775 noch einmal deutlich länger wirken. Ein weiteres Zeichen von Mendelssohns Gesundung ist das neue Kind, die Ende August 1775 geborene, nach ihrer 1769 verstorbenen Tante benannte Jente (später Henriette). Wahrscheinlich im Zusammenhang mit dieser Schwangerschaft und Mendelssohns allmählicher Genesung stiftet das Ehepaar einen schön bestickten Vorhang für den Thoraschrein der kleinen Synagoge im Talmudlehrhaus, der, wie anders, aus Seide gefertigt ist, möglicherweise aus Fromets Hochzeitskleid.

Im Frühjahr 1775 erreicht Mendelssohn ein verzweifelter Brief aus der Schweiz. Die Deutschschweizer Juden, etwa 150 Familien, deren Aufenthaltsrecht alle sechzehn Jahre auf umständliche Weise neu festgesetzt wird, sollen ab 1776 nicht mehr heiraten und Kinder bekommen dürfen, was ihrer Ausweisung gleichkommt. Nun wenden sie sich an den Philosophen und Fabrikleiter in Berlin und hoffen auf dessen «freundschaftliche Verhältnisse» zum einflussreichen Lava-

Thoravorhang der kleinen Synagoge der Talmudakademie.
«D[ies] S[pendeten] / D[er] G[elehrte] R[abbi] MOSES / [sein] F[els und] E[rlöser möge ihn] S[chützen] / S[ohn] U[nseres] L[ehrers] R[abbi] / MENACHEM MENDEL S[eligen] A[ngedenkens] / AUS DESSAU
UND SEINE GEMAHLIN / FRAU FROMET S[ie möge lange L[eben] / TOCHTER / U[nseres Lehrers] R[abbi] ABRAHAM S[eligen] A[ngedenkens] / GUGENHEIM
[Im Jahr] KOHELET [‹Prediger›] / N[ach der] K[leinen] R[echnung = 5535; 6. 9. 1774–24. 9. 1775]»

ter. Der Brief Mendelssohns an Lavater geht am 14. April 1775 ab, am Vorabend des Pessachfests, wo der Befreiung der Juden aus der ägyptischen Sklaverei gedacht wird. Mendelssohn redet Lavater als *Verehrungswürdiger Menschenfreund!* an, bezeichnet sich als seinen *unveränderlichen Freund und Verehrer* und fordert ihn auf, *sich dieser bedrängten Menschenkinder an[zu]nehmen.*[167] Was Lavater, seines ungebrochenen Hangs zur Judenbekehrung ungeachtet, bereitwillig und erfolgreich tut.

Mendelssohn verfasst nun wieder kürzere philosophisch-literarische Aufsätze in deutscher Sprache und hat vermutlich 1774, im Jahr seiner Genesung, mit der eigentlichen Arbeit am Bibel-Großprojekt begonnen. Im November 1782 gibt er ihm den Titel *Das Buch von den Pfaden des Friedens,* wobei er die Einleitung *Licht für den Pfad*[168] nennt. Später wird die Mendelssohn-Übersetzung oft mit dem hebräischen Begriff für Kommentar, «Biur»[169], bezeichnet. *Das Werk wird mindestens 100 Bogen halten, und ich lasse es auf meine Kosten, zum Besten einiger armen Gelehrten, die den Commentar und die kritischen Noten dazu schreiben, allhier drucken.*[170]

Als Mitarbeiter verpflichtet er seinen Bruder Saul, über den man wenig mehr weiß, als dass Fromet ihn als eigenbrötlerisch und schwierig empfand, und Salomo Dubno, den Hauslehrer seiner Kinder, einen vorzüglichen Grammatiker und Hebräischkenner, der sich aber nach Erscheinen des ersten Bandes im März 1780 mit seinem Arbeitgeber verkracht, weil dieser seine umfangreiche, fachlich anspruchsvolle Einleitung zum Zweiten Buch Moses nur stark gekürzt abdrucken will. Womit sich Dubno, der über drei Jahre seinen wissenschaftlichen Ehrgeiz in das Projekt gesteckt und dafür trotz eigener Notlage kein oder nur wenig Geld angenommen hat, nicht abfinden mag. Er gehört zu dem von Mendelssohn beschriebenen Typus des Gelehrten, *der sich lieber einen Fetzen aus seinem besten Sonntagsrok ausschneiden, als eine Zeile in seinem Manuscript ausstreichen läßt […]*[171]. «Wahrlich, ich habe

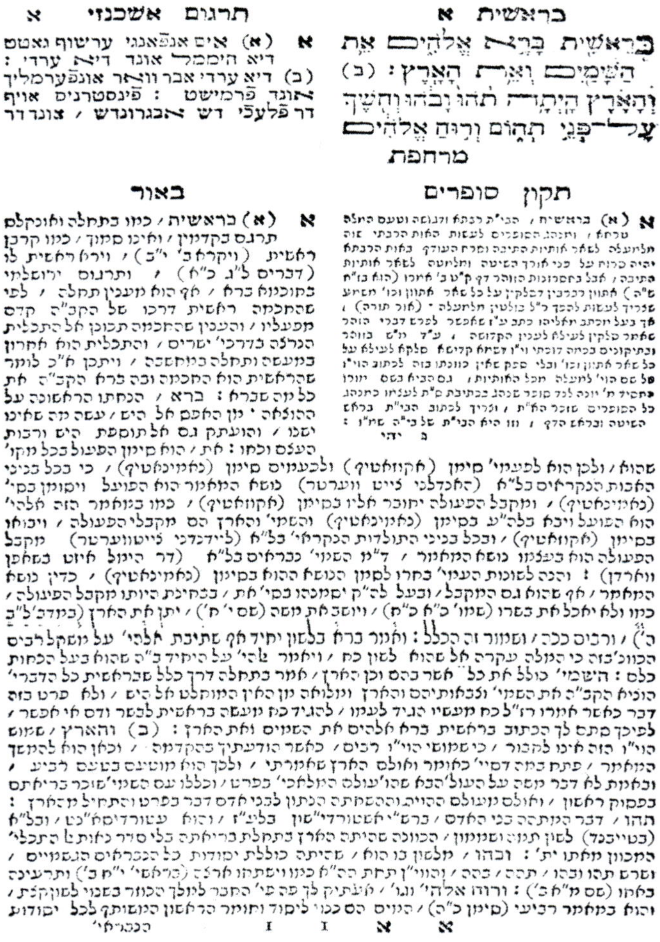
בראשית א

בְּרֵאשִׁית בָּרָא אֱלֹהִים אֵת הַשָּׁמַיִם וְאֵת הָאָרֶץ׃ (ב) וְהָאָרֶץ הָיְתָה תֹהוּ וָבֹהוּ וְחֹשֶׁךְ עַל־פְּנֵי תְהוֹם וְרוּחַ אֱלֹהִים מרחפת

תרגום אשכנזי א

א (א) אים אנפאנגי ערשוף גאטט דיא הימעל אונד דיא ערדי : (ב) דיא ערדי אבר וואר אונפערמליך אונד פרמישט : פינסטרניס אויף דר פלעכי דש אבגרונדש / צונד דר

תקון סופרים

באור

Erstes Blatt von Mendelssohns Pentateuchübersetzung von 1780. Rechts oben der hebräische, links oben der deutsche, mit hebräischen Buchstaben notierte Text:
«1 (1) Am Anfang erschuf Gott die Himmel und die Erde:
(2) Die Erde aber war unförmlich und vermischt: Finsternis auf der Fläche des Abgrunds / und der» [Seitenwechsel]
Einschub oben rechts: «Tikkun Sofrim» – grammatische Erläuterungen.
Darunter der «Biur», der hebräische Kommentar (hier von Mendelssohn).

an meiner Einleitung mehr als zehn Wochen gearbeitet und mehr als hundert Bücher gewälzt, die Gesundheit meines Körpers nicht geschont, bis ich mein Vorhaben ausführte [...].»[172] Schließlich versucht Dubno, seine Ausführungen im Selbstverlag zu veröffentlichen, wodurch er dem Ruf und den Absatzmöglichkeiten von Mendelssohns Übersetzung schadet, ohne die Publizierung des eigenen Textes zu erreichen, während Mendelssohn die Einleitung und den Kommentar zum Zweiten Buch Moses neu verfassen muss.

Ein anderer Mitarbeiter ist der jüdische Aufklärer Naphtali Hirsch Wesel, der sich selbst Hartwig oder Hartog Wessely (1725–1805) nennt. Mendelssohn kennt ihn bereits aus seiner Verlobungszeit in Hamburg. Wessely ist trotz erklärter Fortschrittlichkeit – er trägt, im Gegensatz zu Mendelssohn, nicht einmal Bart – ein sehr frommer Mann, der sich, aus reichem Hause stammend, ganz der hebräischen Dichtung und Literatur verschrieben hat. Über fünfzig Jahre alt und als Bankangestellter wegen Betriebsschließung entlassen, versucht er, seine Frau und sechs Kinder als hebräischer Poet zu ernähren. Seine beste Einnahmequelle sind Preisgedichte auf die Herrscher Europas, die er für die jeweiligen jüdischen Gemeinden verfasst. Mendelssohns Auftrag, den er gewissenhaft und, wie Fachleute versichern, ganz vorzüglich erfüllt, wenngleich, wie Mendelssohn meint, fast zu gelehrt fürs Normalpublikum, verschafft ihm ein dringend benötigtes Zubrot.

Hartwig Wessely (1725–1805). Kupferstich von Daniel Berger, 1791

Mendelssohn versteht das Hebräische, im Sinne der mittelalterlich-jüdischen Denker seiner Jugend, als Ursprache, in der sich Gott einst an die Menschen gewandt hat. In seiner Exegese kommt den kleinen, aus christlich-theologischer Sicht wenig wahrgenommenen Betonungs- oder Akzentzeichen für den kantoralen Vortrag eine besondere Bedeutung zu. So und nicht anders war der Text, Mendelssohns Bibelverständnis zufolge, von Gott an Moses übermittelt worden, der ihn entsprechend weitergegeben hatte, bis die Rezitationsregeln nach Jahrhunderten mündlicher Überlieferung durch schriftliche Fixierung öffentlich gemacht wurden.

Den Bibelvortrag zu Zeiten des Tempels stellt sich der Großvater Felix Mendelssohns als eine Art Oratorium vor – mit Vorsängern, Doppelchören und Wiederholungen. Wobei sich die biblische Musik grundlegend von der späterer Zeiten unterschieden habe, sie war *nicht nur für das Ohr des Hörers, sondern für sein Herz bestimmt. […] Das Ziel der biblischen Musik war es, die Kräfte der Seele zu durchdringen, ihre Fähigkeiten zu beherrschen und ihren Charakter nach ihrem Belieben zu verändern.*[173]

Letztlich begreift Mendelssohn seine *Friedenspfade* als eine Art Lehrprogramm, mit dem der ideale Leser zwei Jahre verbringen soll – ergänzt durch eine tägliche Lehrstunde in hebräischer Grammatik und eine Wochenstunde Logik. *Ich stelle fest, wie die Jugendlichen in unserer Gemeinschaft «sich mit den Produkten der Nichtjuden» versorgen und aus der poetischen Kunst einer fremden Nation ihren Stolz beziehen, als wäre ihnen allein die großartige und anmutige Eleganz der poetischen Kunst teilhaftig. Darum brannte mein Herz mit der Absicht, ihnen zu zeigen, daß «so hoch, wie der Himmel über der Erde steht», so hoch steht das Wesen unserer heiligen Poesie über der säkularen Poesie.*[174]

Spätestens seit sich Dubno im Streit von Mendelssohn getrennt hat, ist die für Mendelssohns Absichten so wichtige Akzeptanz durch die religiösen Juden, und das heißt die orthodoxen Rabbiner, gefährdet. Zwar kann er sich vor Beginn der

Arbeit der Approbation des ihm befreundeten Oberrabbiners von Berlin, Hirschel Lewin (1721–1800), versichern, dessen strenge Orthodoxie außer Frage steht. Doch der einflussreiche Rabbiner von Prag, Ezechiel Landau (1713–1793), verhält sich distanziert; er achtet Mendelssohn persönlich, fürchtet jedoch, dessen anspruchsvolle deutsche Fassung könnte die Jugendlichen zum Studium des Deutschen statt des Hebräischen verleiten. Dagegen will der Oberlandesrabbiner der damals dänischen Städte Altona, Hamburg und Wandsbek, Raphael Kohen, der bereits bei Perücke und Glattrasur den Ausschluss aus der Gemeinde für geboten hält, aktiv gegen die *Friedenspfade* vorgehen. Was Mendelssohn nicht unbekannt bleibt. *Der Rabbi zu Altona läßt vor der Hand seine Donnerkeule ruhen. In welcher Absicht weiß ich nicht. Vielleicht um sie bei einer günstigern Gelegenheit, wenn er erst das ganz Werk vor sich haben wird, mit mehrerm Gepolter auszusenden. Mag er!*[175] Mendelssohns junger Freund Hennings, der als hoher dänischer Beamter über beste Beziehungen zum Königshof verfügt, möchte amtlich eingreifen. Mendelssohn lehnt ab und weiß einen eleganteren Ausweg: *Könnte es [...] dahingebracht werden, daß im Namen Sr. Maj. des [dänischen] Königs, oder einiger Großen des Reichs auf das Werk gezeichnet würde, so wäre dieses ein Wink für den Rabbiner zu Altona, in der Folge regelmäßiger zu verfahren, und mehr als einen solchen, finde ich vor der Hand unedel und auch überflüssig.*[176]

Ich weiß noch, wie ich vor etwa dreißig Jahren zu unserem Vater gerufen wurde und zehn Tage bei ihm zubrachte. Damals war die deutsche Übersetzung der Thora durch den berühmten Gelehrten, unseren Lehrer Rabbi Moses Dessau seligen Angedenkens, soeben erschienen. Viele Rabbiner hielten sie für übel und «schaueten Moses [missbilligend] nach» [Ex. 33:08], und sie waren bereit, seine Übersetzung zu verdammen, insbesondere seine Wiedergabe des Heiligen Namens [«Ewiger»]. [...] Doch [mein Vater] sänftigte ihren wilden Sinn, in dem er liebreich antwortete: Bekrittelt nicht «der Lippen Frucht» [Jes. 57:19] des Verständigen. Ich finde keinen Fehler an ihm, und wieso sollen wir das «Strahlen seines Angesichts» [Ex. 34:29–35] verdunkeln?

Rabbi Jakob Brody über seinen Vater Ezechiel Landau, Oberrabbiner von Prag, Randnotiz, um 1820

Doch als die 1783 fertiggestellte Übersetzung erscheint, hält sich der Absatz in Grenzen; für die Frommen ist Mendelssohns ausgefeiltes Deutsch in hebräischen Lettern schwer verständlich, während die Nichtfrommen mit der hebräischen Umschrift Mühe haben – vom hebräischen Fachkommentar nicht zu reden. Eine von einem Pastor besorgte deutsch gedruckte Fassung, die Nicolai 1780 publiziert, bringt es nicht über das Erste Buch Moses hinaus. Erst nach Mendelssohns Tod werden sich ganze Generationen junger Schüler an ihr bilden, sowohl im Sinne der Orthodoxie wie an Lehranstalten unter der Leitung junger Männer, die sich, zu Recht oder Unrecht, in ihrem Programm und ihrem Verhältnis zum Judentum auf Moses Mendelssohn berufen.[177]

Der Politiker

Von den Cabineten der Großen, und von allem, was auf dieselbe Einfluß hat, bin ich allzuweit entfernt, um an diesem großen Geschäfte auch nur den mindesten Theil nehmen, und mitwürken zu können. [...] Ich habe jederzeit im Verborgenen gelebt, niemals Antrieb oder Beruf gehabt, mich in die Händel der würksamen Welt einzumischen [...].[178] Eine Selbsteinschätzung, die in einer politischen Schrift veröffentlicht wird. Sie betrifft die Verbesserung der Lage der Juden, deren Bürgerrechte im damaligen Europa unter allen Regierungsformen gleichermaßen eingeschränkt sind. Den guten Beziehungen, die Mendelssohn als Philosoph und Autor zu hochstehenden Persönlichkeiten aufbaut, kommt für die Juden seiner Zeit deshalb eine besondere Bedeutung zu.

Gesundheitlich geht es ihm nun wieder besser. Er legt die Perücke ab (auf die er bisher, aus religiösen Gründen, nur am Sabbat und an den Feiertagen verzichtet hatte) und trägt sein eigenes, nachgewachsenes, schwarz-grau meliertes Haar zur Schau. Er unternimmt eine größere Reise über Dresden und Leipzig nach Meißen, begleitet von seinem Schüler David Friedländer und der im fünften Monat schwangeren Fromet (Abraham, künftiger Vater Felix Mendelssohns, kommt am 10. Dezember 1776 zur Welt). Auf Einladung des Oberförsters Johann Caspar Jung, eines Verehrers des Philosophen, der zuvor seinetwegen nach Berlin gereist war, machen die drei einige Tage im sächsischen Baruth Station, wo Mendelssohn an seiner Psalmenübersetzung arbeitet. Nach dessen Abreise lässt der Oberförster Mendelssohns hölzerne Bank durch eine steinerne mit Inschrift ersetzen: «Sitz des Herrn Moses Mendelssohn am 12ten August 1776.» Das erste öffentliche Denkmal in Deutschland für einen Juden.

Die kleine Reisegruppe trifft am Freitag, dem 16. August, in Dresden ein, worauf umgehend der «Leibzoll» in Höhe von zwanzig Groschen bei ihnen kassiert wird, eine ortsübliche Sonderabgabe für Juden, die der Steuer auf Vieh entspricht. Als Mendelssohns junger Freund Hennings (nun dänischer Geschäftsträger in Dresden) den Philosophen durch die Stadt führt und ihm dabei die Bibliothek zeigt, versäumt es deren Leiter nicht, sich angelegentlich nach den Eindrücken des berühmten Gastes zu erkundigen. Worauf dieser (in der lebendigen Schilderung seines Biographen Moritz Kayserling) eine freundliche Antwort gibt, verbunden mit dem Bedauern, «daß die sächsischen Gesetze die Berliner Juden und die polnischen Ochsen noch immer im Range ganz gleichstellen». Der Bibliothekar, dem die «entsetzliche Geschichte» peinlich ist, begibt sich umgehend «zu dem Geheimen Kammerrat Freiherrn von Ferber», der, als «Freund der Literatur» und «Verehrer Mendelssohns», den Vorgang «ebenfalls sehr ärgerlich» findet und seine Beziehungen spielen lässt, worauf das Finanzkollegium allerhöchste Anweisung erhält, «dem Berliner Gelehrten mosaischer Konfession, Herrn Moses Mendelssohn», seine zwanzig Groschen zurückzugeben «und ihm zugleich zu wissen zu tun, daß er sich mit seiner Begleitung in Dresden aufhalten könne, so lange es ihm beliebe».[179] Mendelssohn stiftet die zwanzig Groschen mit einer zehnfachen Zugabe der Armenkasse und stattet dem Geheimen Kammerrat Ferber einen Dankbesuch ab.

Im Sommer 1777 unternimmt er eine Geschäftsreise ins ferne polnische Memel, wo sein Schwager mit gemischtem Erfolg eine Firmenfiliale betreibt, und macht in Königsberg Station. «Mendelssohn that mir gestern die Ehre an, zweien meiner Vorlesungen beizuwohnen, à la fortune du pot, wie man sagen könnte, indem der Tisch auf einen so ansehnlichen Gast nicht gerichtet war.»[180] Ein Zeitzeuge spricht vom «höhnischen Gelächter» der Studenten ob des «kleinen verwachsenen Juden mit Spitzbart und starkem Höcker» in ihrer

Mitte, «das aber sogleich einer stummen Bewunderung wich, da Kant, nachdem er einen Augenblick den Fremden bedeutend betrachtet, und dieser einige Worte gesagt hatte, ihm mit Herzlichkeit die Hand drückte und dann in seine Arme schloß. Wie ein Lauffeuer ging es durch die Menge: ‹Moses Mendelssohn! Es ist der jüdische Philosoph aus Berlin!›, und ehrerbietig bildeten die Schüler eine Gasse, als die beiden Weltweisen Hand in Hand den Hörsaal verließen.» [181]

Im Oktober desselben Jahres (1777) fährt Mendelssohn mit Fromet zu einem längeren Aufenthalt nach Hannover. Dort erreicht ihn ein Brief aus Dresden: Die ihm hinlänglich bekannte «Judenordnung» hat nun derart hohe Sondersteuern eingeführt, dass «mehrere Hundert» Glaubensgenossen, die das Geld dafür nicht aufbringen können, von der «Ausschaffung» [182] bedroht sind. Ihr letzter Ausweg: Mendelssohn, der sich umgehend (aus Hannover) an den Geheimen Kammerrat Ferber, seinen Dresdener Bekannten, wendet: *Das Vertreiben ist für einen Juden die härteste Strafe: mehr als bloße Landesverweisung, gleichsam Vertilgung von dem Erdboden Gottes, auf welchem das Vorurtheil ihn von jeder Gränze mit gewaffneter Hand zurückweist.* [183] Die armen Juden dürfen bleiben.

Bevor es nach Hause geht, will Mendelssohn in Wolfenbüttel endlich Lessing besuchen, der nun, Ende vierzig, mit der Frau seines Herzens, einer Witwe mit erwachsenen Kindern, verheiratet ist, Freimaurer wurde und zum ersten Mal mit sich und der Welt im Reinen zu sein scheint.

[...] Dein Ruhm ist immer in unserm Mund, mit Dir schmücken wir uns, denn Du hast den Schimpf vieler Völker von uns abgewälzt, die tagtäglich folgendermaßen über uns lästerten: Schande über dich, Spott über dich, Volk von schwerer Zunge, ein stummes Lamm, mit widerwärtiger Sprache ohne Verstand. Jetzt aber wird es bekannt werden unter den Völkern vor unsern Augen. Denn Israel ist nicht verwaist, und vor ihrem Getümmel und Gewimmel kommt es nicht zu Fall. Die Dich sehen, achten auf Dich, Dich schauen sie an: Ist das der Mann, der sich des Heiligen Israels rühmt? Der sich Gott verschreibt und mit dem Namen Israel [Gottesstreiter] bezeichnet wird?

Hilfeersuchen der Dresdener Juden an Moses Mendelssohn, November 1777

Ich muß Sie in dieser bessern Lage Ihres Gemüths nothwendig sprechen, wäre es auch nur, um mich zu belehren, was am meisten zu dieser Besänftigung beygetragen: die Frau oder die Freymäurerey? bessere Vernunft oder reifere Jahre?[184] Kurz vor Weihnachten 1777 sehen sich die Freunde wieder. Die beiden Frauen schwanger – Lessings Frau, Eva König, steht vor der Entbindung, Fromet ist im dritten Monat –, die beiden Herren über Freimaurerei fachsimpelnd, deren «Geheimnisse» Lessing als Ordensbruder nicht verraten darf, was Mendelssohn, der von Geheimnissen nichts hält, nicht wenig irritiert. *Das Andachtshaus der Vernunft bedarf keiner verschlossenen Thüren. Sie hat von innen nichts zu verwahren, und von aussen niemanden den Eingang zu verhindern.*[185]

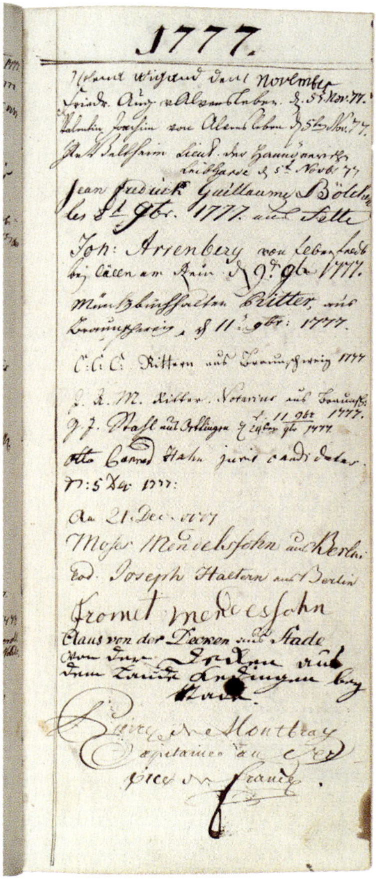

Besucherbuch der Wolfenbütteler Bibliothek vom 21. Dezember 1777 mit Mendelssohns und Fromets Unterschriften

Lessings Sohn kommt an Weihnachten 1777 zur Welt. Einen Tag später ist er tot. Am 10. Januar stirbt auch Lessings Frau. Lessing an seinen Bruder Karl: «Du wirst mich, fürchte ich, nie wieder so sehen, als unser Freund Moses mich gefunden hat, so ruhig, so zufrieden in meinen vier Wänden.»[186]

Genau in dieser für ihn so schweren Zeit wird Lessing heftig angegriffen, vom Hamburger Hauptpastor Melchior Goeze. Als Lessing dem Pastor per Dekret seines Arbeitgebers nicht mehr auf dessen Invektiven antworten darf, wechselt er, notgedrungen, das Medium – und verfasst «Nathan der Weise», den er zwei Berliner Freunden zur Durchsicht schickt: dem Dichter Karl Wilhelm Ramler (1725–98) und Moses Mendelssohn.

Mendelssohn zwei Jahre später, nach dem Tod seines Freundes, über dessen letztes Bühnenwerk: [...] *er schrieb Nathan den Weisen, und starb. Von einem Werke des Geistes, das eben so sehr über Nathan hervorragte, als dieses Stück in meinen Augen über alles, was er bis dahin geschrieben, kann ich mir keinen Begriff machen. Er konnte nicht höher steigen, ohne in eine Region zu kommen, die sich unsern sinnlichen Augen völlig entzieht; und dies that er. Nun stehen wir da, wie die Jünger des Propheten, und staunen den Ort an, wo er in die Höhe fuhr und verschwand. Noch einige Wochen vor seinem Hintritte hatte ich Gelegenheit ihm zu schreiben: er solle sich nicht wundern, daß der große Haufe seiner Zeitgenossen das Verdienst dieses Werks verkenne; eine bessere Nachwelt werde noch funfzig Jahre nach seinem Tode daran lange Zeit zu kauen und zu verdauen finden. Er ist in der That mehr als Ein Menschenalter seinem Jahrhunderte zuvorgeeilt.*[187]

Auch Mendelssohns Tochter Sisa, die im Juni 1778 geboren wird, stirbt im Alter von drei Monaten; das nächste Kind der Mendelssohns kommt erst vier Jahre später, 1782, zur Welt und erhält, dem letzten Werk von Mendelssohns Freund zu Ehren, den Namen Nathan.

1778 gründet Mendelssohns wohlhabender Schüler David Friedländer gemeinsam mit seinem ebenso reichen Schwager Daniel Itzig eine jüdische «Freischule für Knaben», deren Unterrichtsprogramm derart genau den Vorstellungen Mendelssohns folgt, dass die oft wiederholte Vermutung naheliegt, die beiden Protagonisten seien von ihm angeregt worden. Er verfasst sechs Beiträge für das 1779 erscheinende *Lesebuch für Jüdische Kinder. Zum Besten der Jüdischen Freyschule* und nimmt

Moses Mendelssohn, vom Maler Johann Christoph Frisch etwa 1778 zum ersten Mal mit Buckel dargestellt. Ein Bild, das der Sohn Joseph als besonders lebenswahr empfand.

mit Interesse an deren öffentlichen Prüfungen teil. Die Knaben lernen Deutsch, Französisch, Schreiben, Rechnen, Buchhaltung, Geographie, Mathematik und Hebräisch. Finanziert wird die Ausbildungsstätte, die reichen wie armen Kindern offensteht, durch private Spenden, das Schulgeld der Wohlhabenden und, nach 1783, durch eine ihr angeschlossene hebräische Druckerei, von der wichtige Impulse für die innerjüdische Aufklärung ausgehen. Ab 1806 nimmt die Schule auch christliche Schüler auf, die 1819 auf Anordnung der preußischen Behörden wieder abgehen müssen. 1825 wird das nur aus privaten Mitteln finanzierte Institut aus Geldmangel geschlossen, nachdem die Lehrer (Juden und Christen) eine Zeit lang auf ihr Gehalt verzichtet hatten.

Mit der vorsichtigen Einbindung der Juden ins Staatsgebilde geht der Versuch einher, das traditionell innerjüdisch abgehandelte Zivilrecht, betreffend Ehe-, Erbschafts- und Handelsangelegenheiten, in die eigene Gerichtsbarkeit zu überführen oder wenigstens zu kontrollieren. Was die Kenntnis der jüdischen Rechtsvorschriften voraussetzt. In Frankreich hatte Rabbiner Jonathan Eibenschütz (der später nach Hamburg ging, wo er den jungen Mendelssohn kennenlernte) als Oberrabbiner von Metz eine solche Zusammenfassung in makellosem Französisch verfasst. In Preußen forderte die Regierung das Berliner Rabbinat 1770 zu einem entsprechenden Schritt auf. Nach einigen Verzögerungen und mehreren Drohungen legt der Oberlandesrabbiner Hirschel Lewin 1776 dem Kammergericht die gewünschte Arbeit vor. Sie wird als unbrauchbar zurückgewiesen, ob aus sachlichen Gründen oder aus Schikane, ist unbekannt. «Der Rabbi übertrug diese Mühewaltung dem Herrn Moses Mendelssohn, der sich derselben aus Freundschaft und Hochachtung für diesen Lehrer seiner Nation unterzog; wiewohl ihm die Arbeit ungewohnt und beschwerlich seyn muste, da die Rechtsgelehrsamkeit niemals

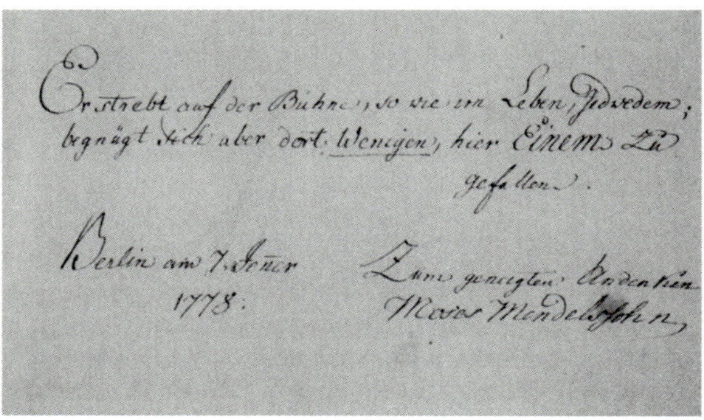
Er strebt auf der Bühne, so wie im Leben, Jedwedem;
begnügt sich aber dort Wenigen, hier Einem zu
gefallen.

Berlin am 7. Jenner
1778.

Zum geneigten Andenken
Moses Mendelssohn

Mendelssohns Eintrag in das Stammbuch des Schauspielers Johann Brockmann eigentlich sein Studium gewesen.»[188] So die Einleitung zu den 1778 beim Verleger von Friedrich II., Christian Friedrich Voss, erscheinenden *Ritualgesetze[n] der Juden, betreffend Erbschaften, Vormundschaftssachen, Testamente und Ehesachen, in so weit sie das Mein und Dein angehen. Entworfen von dem Verfasser der Philosophischen Schriften, auf Veranlassung und unter Aufsicht R. Hirschel Lewin, Oberrabbiners zu Berlin.* Mendelssohn macht sich damit in Fachkreisen einen derart guten Namen, dass er im Mai 1782 aufgefordert wird, den «Judeneid», die spezielle Schwurformel für Juden vor Gericht, dem aufgeklärten Zeitgeist entsprechend neu zu formulieren.

Mendelssohn wird mehr und mehr zur öffentlichen Figur. Wenn er im Theater erscheint (anders als die Königliche Oper eine kommerzielle Veranstaltung mit freier Platzwahl), wird applaudiert.[189] Als er sich 1778 möglichst viele der zwölf «Hamlet»-Vorstellungen des großen Shakespeare-Schauspielers Johann Brockmann ansieht und der von seinem promi-

Johann Brockmann als Hamlet in der Aufführung am Königlichen Theater am 8. Januar 1778. Zeichnung von Daniel Chodowiecki

nenten Zuschauer erfährt, lässt es sich der gefeierte Mime nicht nehmen, den Hamlet-Monolog in Mendelssohns Übersetzung zu sprechen. Wofür sich Mendelssohn mit einem schönen Denkspruch bedankt.

Vom Glanz seines Hauses berichtet Salomon Maimon (ca. 1753–1800), der 1779 als bettelarmer, junger Rabbiner aus Polen ins jüdische Berlin der Aufklärung kommt und von Mendelssohn aufgenommen und gefördert wird. «Er ließ mich zu sich bitten, und ich nahm die Einladung an. Ich war aber so schüchtern, die Sitten und Lebensart der Berliner waren mir so neu, daß ich nicht ohne Schrecken und Verwirrung in ein vornehmes Haus hereinzutreten wagte. Als ich daher Mendelssohns Türe aufmachte, ihn und andere vornehme Leute, die zugegen waren, auch die schönen Zimmer und das geschmackvolle Ameublement erblickte, so bebte ich zurück, machte die Türe wieder zu und wollte nicht herein. Mendelssohn aber hatte mich bemerkt, kam zu mir heraus, redete mich sehr liebreich an, führte mich in sein Zimmer, stellte sich mit mir ans Fenster, machte mir über mein Schreiben viele Komplimente […].» [190]

Salomon Maimon (ca. 1753–1800). Als er sich 1779 Mendelssohn vorstellte, trug er jüdisch-polnische Tracht und den langen Bart der Frommen.

Doch das Berlin der Aufklärung hat auch andere Seiten: *Ich ergehe mich zuweilen des Abends mit meiner Frau und meinen Kindern. Papa! fragt die Unschuld, was ruft uns jener Bursche dort nach? warum werfen sie mit Steinen hinter uns her? was haben wir ihnen gethan? – Ja, lieber Papa! spricht ein anderes, sie verfolgen uns immer in den Straßen, und schimpfen: Juden! Juden! Ist denn dieses so ein Schimpf bei den Leuten, ein Jude zu seyn? und was hindert dieses andere Leute? – Ach! ich schlage die Augen unter, und seufze mit mir selber: Menschen! Menschen! wohin habt ihr es endlich kommen lassen?*[191]

1780 soll sich Mendelssohn um ein weiteres politisches Problem kümmern: diesmal um die Lage der Juden im Elsass. Die französischen Juden waren 1394 vertrieben worden; wer später in Frankreich anzutreffen war, stammte in der Regel aus dem Mittelmeerraum und hatte sich weitgehend an die französische Kultur angepasst. Die Elsässer Juden hingegen sind durch die Eroberungen von Ludwig XIV. unter französische Herrschaft geraten und halten streng an ihrer orthodoxen, deutsch-jüdischen Kultur fest. Wie im Mittelalter dürfen sie nur auf eng eingegrenzten Gebieten wohnen und betätigen sich hauptsächlich als Kleinkreditgeber, Pächter und Schankwirte.[192] So werden sie zur bequemen Zielscheibe eines Judenhassers, dessen gezielte Agitation zuallermindest ihre Vertreibung vorsieht. Trotzdem der Hetzer im Februar 1780 verhaftet wird (wegen Betrugs), wird ihre Lage immer unhaltbarer, und so wendet sich ihr Sprecher, Herz oder Hirsch Cerf-Berr (ein Heereslieferant von König Ludwig XVI.), an den bewährten Nothelfer im fernen Berlin.

Nun verfügt Mendelssohn im französischen Sprachraum nicht über die persönlichen Beziehungen, die sein Eingreifen im Allgemeinen so wirksam machen, abgesehen davon, dass ihm für das Cerf-Berr vorschwebende «Mémoire» – eine umfassende Abhandlung über die elsässisch-französisch-jüdische Geschichte – die nötige Sachkenntnis fehlt. Aber er weiß Rat. Er vermittelt Cerf-Berr an den studierten Historiker Christian Wilhelm Dohm (1751–1820), einen vielversprechenden Karrierebeamten, der es trotz seiner jungen Jahre – er ist noch keine dreißig – bereits zum «Kriegsrath» gebracht hat. *[…] ich [habe] es jederzeit mit größerm Vergnügen gesehen, wenn das*

Vorurtheil der Christen wider die Juden von einem Christlichen als von einem jüdischen Schriftsteller bestritten wird [...].[193] Dohm verfasst, unterstützt von Cerf-Berr und Mendelssohn, das «Mémoire» an die französische Regierung. Bis zur Französischen Revolution von 1789 (deren Nationalversammlung im September 1791 die Gleichberechtigung der elsässischen Juden verkündet) ohne erkennbare Auswirkungen. Doch die Zusammenarbeit mit Dohm lässt sich derart gut an, dass Mendelssohn ihn zu einer deutschen, eigenständigen Schrift über das gleiche Thema ermuntert. *Unterdessen mache ich mir das Vergnügen mit Herrn Dohm über die Gründe nachzudenken, die der Menschenfreund hat, die bürgerliche Aufnahme meiner Mitbrüder zu begünstigen, über die mancherley Schwierigkeiten, die sich dabey finden, und vielleicht zum Theil von Seiten der zu bildenden Nation selbst in den Weg gelegt werden dürften; und diese mit den Vortheilen zu vergleichen, die dem Staate zuwachsen werden, dem es zuerst gelingen wird, diese eingebohrnen Colonisten zu seinen Bürgern zu machen, und eine Menge von Händen und Köpfen, die zu seinem Dienste gebohren sind, auch zu seinem Dienste anzustrengen.*[194]

Dohms Arbeit liegt im Zuge der Zeit. Im Mai 1781 erklärt Kaiser Joseph II., der seit 1780 in Nachfolge Maria Theresias das riesige habsburgische Reich regiert, ein «Toleranzedikt» für die dortigen Juden verkünden zu wollen: Im Gegenzug zu staatlich kontrolliertem Schulunterricht in der Landessprache und der Aufhebung der innerjüdischen Gerichtsbar-

Christian Wilhelm Dohm (1751–1820). Gemälde von Karl Christian Kehrer, 1795

keit sollen die Juden volle Gewerbe- und Niederlassungsfreiheit erhalten.

Dies führt zu einem noch nie da gewesenen Optimismus unter den europäischen Juden und verleiht der im September 1781 bei Nicolai erscheinenden Schrift Dohms «Ueber die bürgerliche Verbesserung der Juden» eine zusätzliche Aktualität. Nüchtern und sachlich führt ihr Autor aus, dass die europäischen Staaten die Grenzen ihres Bevölkerungswachstums noch lange nicht erreicht hätten und wie sinnvoll es sei, dabei auch die Juden zu vollwertigen Bürgern zu machen. Er fordert für sie gleiche Rechte, Berufs- und Erwerbsfreiheit, Übernahme in den Staatsdienst, staatlich kontrollierte und geförderte Bildung und Aufklärung, freie Religionsausübung sowie die erstinstanzlich innerjüdische Klärung innerjüdischer Angelegenheiten. All dies begleitet von ausführlichen Anmerkungen, die teilweise auf Mendelssohn zurückgehen, der, wie der Briefwechsel zeigt, von Dohm oft und gerne zurate gezogen wurde.

Das Buch wird mit großem Interesse aufgenommen. Eine besonders begeisterte Kritik verfasst bemerkenswerterweise Lavater: «Weiser und redlicher Dohm! Wohl dir, daß du dich der Verachteten so redlich annahmst!»[195] Während Mendelssohns langjähriger Briefpartner Michaelis in seiner Einschätzung von 1782 wieder in die Vorurteilsstrukturen seiner frühen Jahre zurückgefallen zu sein scheint: *Anstatt Christen und Juden bedient sich Herr Michaelis beständig des Ausdrucks Deutsche und Juden. Er entsiehet sich wohl, den Unterschied blos in Religionsmeynungen zu setzen, und will uns lieber als Fremde betrachtet wissen, die sich die Bedingungen gefallen lassen müssen, welche ihnen von den Landeigenthümern eingeräumt werden.*[196]

Mendelssohn hat nun das Bedürfnis, selber in die Debatte einzugreifen. Denn in einem Punkt ist auch er nicht mit Dohm einverstanden: soweit dies die Zulässigkeit des von Dohm verteidigten althergebrachten «Bannrechts» betrifft, die Möglichkeit, ein unbotmäßiges Gemeindemitglied per

Rabbinatsdekret vom Verkehr mit anderen Juden auszuschließen, was für einen religiösen Juden der Existenzvernichtung gleichkommt. Mendelssohn entschließt sich, den Kritikern der Judenemanzipation mit einem halbvergessenen Klassiker jüdischer Emanzipationsliteratur entgegenzutreten, den er eigens von Marcus Herz ins Deutsche übersetzen lässt: die 1656 auf Englisch veröffentlichte «Rettung der Juden» des holländisch-portugiesischen Rabbiners (und Spinoza-Lehrers) Manasseh Ben Israel (1604–1657), der darin die judenfeindlichen Vorurteile des Mittelalters und des Barock Punkt für Punkt durchgeht und widerlegt.

Der als Kind mit seinen Eltern aus Portugal nach Amsterdam geflohene Manasseh Ben Israel hatte versucht, die Wiederzulassung der Juden in England, von wo sie 1290 vertrieben worden waren, zu erreichen. *Er fand aber mehr Schwierigkeit, als er sich vorstellte, und diesen Aufsatz schrieb er zu einer Zeit, da er die Hofnung in seinem Geschäfte glücklich zu seyn, fast aufgegeben hatte. Endlich aber gelang es ihm dennoch, und die Juden wurden unter leidlichen Bedingungen wieder aufgenommen. […] Merkwürdig ist es, zu sehen, wie das Vorurtheil die Gestalten aller Jahrhunderte annimmt, uns zu unterdrücken und unserer bürgerlichen Aufnahme Schwierigkeiten entgegen zu setzen. […] Man fährt fort, uns von allen Künsten, Wissenschaften und anderen nütz-*

M[endelssohn] ging mit Professor Engel im sogenannten Lustgarten in Berlin lustwandelnd auf und ab. Ein berauschter, seinem Dialekt nach, polnischer Soldat bleibt, mit an der Seite gestemmten Armen stehen, und stößt die gemeinsten Pöbelworte gegen den pucklichten Juden aus. Da darauf nicht geachtet wird, geht er den Männern nach, und ist, nach Stellung und Handbewegung im Begriff, den kleinen Mann, mit wiederholten Schimpfreden am Ohrläppchen zu ziehen. Engel darüber empört, und der zur Rechten M.'s. gehet, hebt seinen Stock auf, um den Unverschämten tätlich abzuwehren. Aber der gleichmütige Weltweise fällt ihm schnell in den Arm. «Nicht doch! Freund, lassen Sie dem unglücklichen Sklaven die Freude, einen Juden ein wenig necken zu dürfen.» Engel konnte den Vorfall nie ohne Rührung erzählen. «Den liebreich ironischen Ton des edlen Mannes – setzte er hinzu – kann ich nicht nachmachen.»

David Friedländer an Moses Moser, 9. Dezember 1829

lichen Gewerben und Beschäftigungen der Menschen zu entfernen; versperret uns alle Wege zur nützlichen Verbesserung, und macht den Mangel an Cultur zum Grunde unserer fernern Unterdrückung. Man bindet uns die Hände und macht uns zum Vorwurfe, daß wir sie nicht gebrauchen.[197]

Mendelssohn geht die neuen Vorurteile im Einzelnen durch und nimmt es auf sich, seinen idealistischen (oder weltfremden) philosophischen Kollegen den Sinn und Zweck des als parasitär verlästerten Zwischenhandels zu erläutern: *Nicht bloß Machen; sondèrn auch Thun heißt hervorbringen. Nicht nur wer mit Händen arbeitet; sondern überhaupt, wer nur etwas thut, befördert, veranlasset, erleichtert, das seinen Nebenmenschen zum Nutzen oder Vergnügen gereichen kann, verdient den Namen des Hervorbringers, und er verdient ihn zuweilen um desto mehr, je weniger Bewegung ihr an seinen Extremitäten gewahr werdet.*[198] Er spricht sich gegen das «Bannrecht» aus und mahnt die Zwanglosigkeit jeglicher Religionsausübung an: *Noch ist keine Geistlichkeit so aufgeklärt, daß ihr ein solches Recht, wenn es eines giebt, ohne Gefahr anvertraut werden könnte. […] Wollet ihr gehegt, geduldet und von andern verschonet seyn: so heget und duldet und verschonet euch unter einander! Liebet; so werdet ihr geliebet werden!*[199]

Jerusalem

Wie aktuell Mendelssohns Forderung ist, zeigt sich im Frühling 1782, gleich nach Erscheinen der *Rettung*. Die so hoffnungsvoll erwarteten Toleranzedikte von Joseph II. sind nun verlautbart – und schreiben vor allem die Zwangsmaßnahmen fest (Kontrollen der Schulen und des Schulplans, Aufhebung der innerjüdischen Eigenverwaltung, von 1788 an auch Militärdienst), während die versprochene Gewerbe- und Niederlassungsfreiheit an Bedingungen wie eine spätere Taufe geknüpft sind, die sie sinnlos erscheinen lassen. (Dass die Toleranzedikte, allein durch ihren Namen, mittelfristig eine Verbesserung des Status der habsburgischen Juden bewirken werden, ist damals nicht abzusehen.)

Doch Hartwig Wessely, der Dichter, lässt sich, gleichsam vom Schwung des eigenen Preisgedichts auf Joseph II. mitgetragen, zu einem hebräischen Aufruf an seine Mitjuden hinreißen, worin er zur begeisterten Teilnahme auffordert. Ohne eine vernünftige weltliche Bildung könne man sich keine religiöse aneignen; die Kinder sollten die Möglichkeit haben, zwischen mehreren Berufs- und Lernzielen zu wählen; nicht jeder Jude sei zum Talmudgelehrten bestimmt. Wessely geht, als guter Talmudkenner, so weit, ein Talmudzitat anzuführen, in dem ein ungebildeter Religionsgelehrter einem Kadaver gleichgesetzt wird.

Ein typischer Vorgang der Zeit: Ein selbsternannter Aufklärer mischt sich in Belange ein, die traditionell den zuständigen Amtsträgern überlassen waren – in diesem Fall den orthodoxen Rabbinern, über die sich die Machthabenden an ihnen unterstellte Juden zu wenden pflegten. Ezechiel Landau, der Oberrabbiner von Prag, der mit der Regierung von Joseph II. die Umsetzung des Dekrets auszuhandeln hat, empfindet Wesselys Aufsatz als derartige Provokation, dass er bereits wenige Tage nach Erscheinen der Berliner Schrift in aller Form den Ausschluss des «Übeltäters»[200] aus der jüdischen Gemeinde fordert. Ein Aufruf, dem sich konservative jüdische Meinungsführer in ganz Europa mit Predigten und Sendbriefen anschließen – verbunden mit dem Appell an ihren Rabbiner-Kollegen Hirschel Lewin in Berlin, schleunigst die entsprechenden Schritte zu unternehmen. In Wilna wird Wesselys achtseitiger Text am gleichen Schandpfahl im Synagogenhof verbrannt, an dem zuvor chassidische Schriften öffentlich dem Feuer übergeben wurden.[201]

Ezechiel Landau (1713 – 1793), Oberrabbiner von Prag. Kupferstich von Markus Klauber, 1756

Mendelssohn versucht zu vermitteln. Er fordert seinen Schüler David Friedländer auf, wegen des *ehrlichen Wessely* bei Lewin (dem er bei den *Ritualgesetzen* ausgeholfen hat) zu intervenieren: *Ich […] will gar nicht untersuchen, wer in der Sache Recht hat; und gebe nur dieses zu bedenken: was werden Christen dazu sagen? […] Überhaupt genießt jeder Scribent im Lande unseres gnädigen Königs alle mögliche Freiheit: beschnitten oder nicht beschnitten, wer nur die Feder führen kann; und wir wollten Jemand Einhalt thun, der bloß unsere Lehren und Erziehungs-Methode tadelte? […] Ich würde selbst zum Rabbiner gehen, wenn ich nicht zu befürchten hätte, ich käme zu weit mit ihm in den Text; wozu jetzt der Zeitpunkt nicht ist.*[202]

Keine Wirkung. So wendet sich Mendelssohn gemeinsam mit sechs anderen führenden Mitgliedern der Berliner

Gemeinde direkt an den Gemeindevorstand des polnischen Lissa, dessen Rabbiner zu den wortgewaltigsten Angreifern Wesselys gehört, und droht mit einer Intervention bei den weltlichen Behörden. *Wir werden alles in unserer Macht Stehende unternehmen, um unseren Freund aus den Händen seiner Feinde zu retten […].*[203] Mendelssohns junge Anhänger sorgen dafür, dass der nichtjüdische Journalist und Aufklärer August Friedrich Cranz (1737–1801) eine Fortsetzung seines gegen den Hamburger Rabbiner Raphael Kohen gerichteten Pamphlets «Über den Missbrauch der geistlichen Macht und der weltlichen Herrschaft in Glaubenssachen durch Beispiele aus dem jetsigen Jahrhundert ins Licht gesetst»[204] veröffentlicht, worin er so weit geht, die rüden Beschimpfungen gegen Wessely zu Mordaufrufen hochzustilisieren.

Der Oberrabbiner von Berlin, Hirschel Lewin, gerät nun von allen Seiten unter Druck. Der preußische Justizminister fragt wegen der vermeintlichen Mordaufrufe bei ihm an. Die frommen Kollegen bedrängen ihn, endlich gegen Wessely in Aktion zu treten. Die einflussreichsten Männer seiner Gemeinde fordern das genaue Gegenteil. Am 14. Juli 1782 flieht er aus der Stadt, um ins Heilige Land auszuwandern. Dass es Mendelssohn und seinen Mit-Honoratioren gelingt, den verzweifelten Mann in Prag ausfindig zu machen und zur Rückkehr in sein Amt zu bewegen, kann die beginnende Spaltung der abendländisch-jüdischen Gemeinschaft in «aufgeklärte» und «orthodoxe», in «deutsche» und «polnische» Juden, den sogenannten «jüdischen Kulturkampf»[205], nicht mehr verhindern.

Anfang Dezember 1782 wird in Königsberg «Die Gesellschaft der Hebräischen Litteraturfreunde»[206] gegründet – eine Vereinigung junger, sich entschieden zur Aufklärung bekennender Juden, die, wie seinerzeit der junge Mendelssohn, mit einem hebräischen Publikationsorgan an die jüdische Öffentlichkeit treten – nur deutlich aggressiver und wesentlich erfolgreicher. «Hame'asef» (Der Sammler) wird (mit Unterbrechungen) von 1784 bis 1811 erscheinen und 1788 die vom Gründungsmitglied Isaak Euchel in hebräischer Sprache verfasste Biographie Mendelssohns veröffentlichen.[207]

Im September 1782 publiziert der Journalist Cranz, diesmal auf eigene Initiative, eine weitere Schrift: «Das Forschen nach Licht und Recht in einem Schreiben an Herrn Moses Mendelssohn auf Veranlassung seiner merkwürdigen Vorrede zu Manasseh Ben Israel». Ganz direkt stellt er darin Mendelssohn wegen dessen religiöser Inkonsequenz zur Rede. Die Unterwerfung unter das Rabbinat sei Teil der jüdischen Religion, wer (wie Mendelssohn) dessen Strafbefugnis zurückweise, könne ebenso gut Christ werden. Cranz tarnt seine Arbeit als vermeintliches anonymes Produkt des Wiener Aufklärers Joseph Edler von Sonnenfels (1733–1817), eines getauften Rabbinerenkels, der als hoher Verwaltungsbeamter und Rechtslehrer ein wichtiger Berater Maria Theresias war und mit zu den Reformen ihres Sohnes Joseph II. beigetragen hat. Einerseits vermeidet der wegen seiner scharfen (und käuflichen) Feder verrufene Cranz dadurch Ärger mit dem preußischen Zensor, andererseits hofft der Mendelssohn-Verehrer, den von ihm geschätzten Autor durch Vorspiegelung eines so illustren Verfassers zu einer Reaktion zu provozieren.

Das Ergebnis dürfte Cranz' kühnste Erwartungen übertroffen haben. Im September 1782 begonnen, im Mai 1783 veröffentlicht, wirkt Mendelssohns Antwort – vielleicht gerade wegen der darin enthaltenen, nicht ganz aufgelösten Widersprüche – noch heute frisch, anregend und provozierend: *Jerusalem oder über religiöse Macht und Judentum.*

Der Begriff *Jerusalem* wurde von Mendelssohn schon früh für die eigene religiöse und persönliche Identität verwendet. Er erinnert – Cranz hat ihn ja, einmal mehr, zum Glaubensübertritt aufgefordert – an den 137. Psalm, den Mendelssohn in eigener Übersetzung herauszugeben im Begriff ist:

5. Jerusalem! vergess' ich dein;
So vergesse meine Rechte –!
6. Meine Zunge kleb' am Gaumen,
Wenn ich deiner nicht gedenke;
Wenn bey jeder Frölichkeit
Dir nicht eine Zähre fleußt.[208]

Mendelssohn befasst sich zunächst mit dem Verhältnis von Staat und Religion. Vertragen sie sich nicht, *ist das menschliche Geschlecht das Opfer ihrer Zwietracht*[209], arbeiten sie einander zu, ist es um die Gewissensfreiheit geschehen.

Er erläutert den Vorgang der Gesellschaftsbildung, der für ihn auf der Familie gründet: *[…] die Eltern sind durch die Beywohnung selbst in den Stand der Ehe getreten, haben einen stillschweigenden Vertrag gemacht, das zur Glückseligkeit bestimmte Wesen, das sie gemeinschaftlich hervorbringen, auch gemeinschaftlich der Glückseligkeit fähig zu machen, d. i. zu erziehen.*[210] Aus Mendelssohns Sicht ist der Mensch bereits im *Stand der Natur* am Wohlergehen seines Mitmenschen interessiert, nur dass er die *Collisionsfälle*[211], in denen seine Interessen denen eines anderen widersprechen, nach eigenem Gutdünken entscheiden kann und muss. Diese Fähigkeit wird von den Eltern an ihre Kinder weitervermittelt, bis sie schließlich über den Gesellschaftsvertrag an den Staat übergeht, der daraus feste Gesetze ableitet, die er notfalls mit Gewalt durchsetzen darf.

In einer genau geführten Erläuterung hält Mendelssohn fest, dass die *Pflichten gegen Gott* mit den *Pflichten gegen die Menschen* identisch sind, denn *alle Pflichten des Menschen sind Obliegenheit gegen Gott. Einige derselben gehen uns selbst, andere unsere Nebenmenschen an. Wir sollen, aus Liebe zu Gott, uns selbst vernünftig lieben, seine Geschöpfe lieben; so wie wir aus vernünftiger Liebe zu uns selbst verbunden sind, unsere Nebenmenschen zu lieben.*[212]

Ein Interessenkonflikt zwischen Gott und Mensch ist demnach undenkbar. *Er will nur unser Bestes, eines jeden Einzel-*

nen Bestes, und dieses muß ja mit sich selbst bestehen, kann sich ja selbst nicht widersprechen. –

Alle diese Gemeinwörter sind so trivial, daß der gesunde Menschenverstand sich wundert, wie man je hat anderer Meinung seyn können; und gleichwohl haben die Menschen von jeher wider diese einleuchtenden Grundsätze gehandelt; und wohl ihnen! wenn sie im Jahre 2240 aufhören werden, dawider zu handeln.[213] (Was dem jüdischen Jahr 6000 entspricht, für welches Kabbalisten das Kommen des Messias prophezeit haben.)

Damit stehen einer institutionalisierten Religionsgemeinschaft, einer *Kirche*, keine politischen Rechte und somit kein Recht auf Zwangsmaßnahmen zu. *[…] die Pflichten der Bürger gegen die Kirche sind ein geneigtes Ohr* und ein *williges Herz.*[214] *[…] Was wird also der Kirche für eine Regierungsform anzurathen seyn? – keine! – Wer soll entscheiden, wenn in Religionssachen Streitigkeiten entstehen? – Wem Gott die Fähigkeit gegeben, zu überzeugen.*[215] Die religiöse Richtung ist dabei unerheblich, es sei denn, sie erweist sich als gesellschaftsfeindlich (was aus Mendelssohns Sicht nur für Atheisten zutrifft, die sich keiner höheren Moral, und für Epikuräer, die sich ausschließlich dem eigenen Wohlergehen verpflichtet fühlen).

Mendelssohn betont, dass das Gewissen des Menschen jeder äußeren Zwangsmaßnahme entzogen ist, und weist damit den Anspruch der Religion auf ein Bann- und Strafrecht zurück. *Gehet die Unglücklichen alle durch, die von je her durch Bann und Verdammniß haben gebessert werden sollen; Leser! welcher äusserlichen Kirche, Synagoge oder Moschee du auch anhängest! untersuche, ob du nicht in dem Haufen der Verbannten mehr wahre Religion antreffen wirst, als in dem ungleich größern Haufen ihrer Verbanner?*[216] Religion könne nur durch das Beispiel überzeugen, nicht durch Zwang.

In einem längeren *Zweiten Abschnitt* setzt sich Mendelssohn dann mit dem eigenen Judentum auseinander, dessen von Cranz unterstelltes Selbstverständnis (in Bezug auf die Unterwerfung unter das Rabbinat) tatsächlich von vielen

Sollte der jetzt von Ihnen gethane merkwürdige Schritt wohl wirklich ein Schritt von Erfüllung der ehemals an Sie ergangenen Lavater'schen Wünsche sein? In wie fern können Sie, mein theurer Herr Mendelssohn, bei dem Glauben Ihrer Väter beharren und durch Wegräumung seiner Grundsteine das ganze Gebäude erschüttern, wenn Sie das durch Mosen gegebene, auf göttliche Offenbarung sich berufende Kirchenrecht bestreiten?

August Friedrich Cranz, alias «S.», «Das Forschen nach Licht und Recht in einem Schreiben an Herrn Moses Mendelssohn auf Veranlassung seiner merkwürdigen Vorrede zu Manasseh Ben Israel», 1782

Glaubensgenossen geteilt werde: *Hart und kränkend aber ist es in allen Fällen, wenn man [...] mir die gehässige Absicht zuschreibt, die Religion, zu welcher ich mich bekenne, umzustoßen, und ihr, wo nicht ausdrüklich, doch gleichsam unter der Hand zu entsagen.*[217] Ein Übertritt zum Christentum habe für ihn keinen Sinn, umso weniger, als das Christentum auf dem Judentum aufbaue und mit ihm stehe oder falle. *Der Christ, dem es um Licht und Wahrheit im Ernste zu thun ist, wird beim Anscheine eines Widerspruchs zwischen Wahrheit und Wahrheit, zwischen Schrift und Vernunft, nicht den Juden zum Kampfe auffordern, sondern mit ihm gemeinschaftlich den Ungrund des Widerspruchs zu entdecken suchen. Es gehet ihrer beiden Sache an.*[218]

Es gebe verschiedene Formen der Wahrheit, für deren Vermittlung und Wahrnehmung der Mensch von Gott mit unterschiedlichen Fähigkeiten ausgestattet sei: Beobachtungsgabe für Naturgesetze, Glaubwürdigkeit für die Vermittlung von Geschichtswahrheiten. *Jene ewigen Wahrheiten hingegen, in so weit sie zum Heile und zur Glückseligkeit der Menschen nützlich sind, lehret Gott auf eine der Gottheit gemäßere Weise: nicht durch Laut und Schriftzeichen, die hier und da, diesem und jenem verständlich sind, sondern durch die Schöpfung selbst und ihre innerlichen Verhältnisse, die allen Menschen leserlich und verständlich sind.*[219] Eine übernatürliche Vermittlung sei dazu nicht erforderlich.

Dabei setzt sich Mendelssohn kritisch mit der Theorie von der «Erziehung des Menschengeschlechts» seines Freundes Lessing auseinander – der einzelne Mensch könne und solle sich hienieden fortentwickeln, an eine zwangsläufige Fortentwicklung der Menschheit glaubt er nicht: *[...] das Menschengeschlecht [...] thut nie einige Schritte vorwärts, ohne bald nachher, mit gedoppelter Geschwindigkeit, in seinen vorigen Stand zurück zu gleiten.*[220]

Darauf aufbauend erläutert er sein Verständnis des Judentums als *geoffenbarte Gesetzgebung* im Gegensatz zur *geoffenbarten Religion.*[221] *[...] Es ist wahr: ich erkenne keine andere ewige Wahrheiten, als die der menschlichn Vernunft nicht nur begreiflich, sondern durch menschliche Kräfte dargethan und bewährt werden können.*[222] *[...] Unter allen Vorschriften und Verordnungen des Mosaischen Gesetzes, lautet kein Einziges: Du sollst glauben! oder nicht glauben; sondern alle heißen: du sollst thun, oder nicht thun!*[223]

Er präzisiert die Bedeutung der im jüdischen Religionsgesetz vorgeschriebenen Leibesstrafen, auf die seine (in der Regel protestantisch-theologisch vorgebildeten) christlichen Kritiker gerne hinweisen. Zum einen seien die Strafen in einer Zeit vorgeschrieben worden, als *Staat und Religion*[224], das heißt Gott und sein Volk, eine in der geschichtlichen Wirklichkeit einmalige Einheit gebildet hätten; zum anderen waren die Bedingungen für deren Verhängung derart hoch angesetzt – der Schuldige musste von zwei Zeugen gesehen und vor seinem sträflichen Tun gewarnt worden sein –, dass sie kaum je verhängt wurden. (Ein Gericht, das mehr als einmal in siebzig Jahren die Todesstrafe aussprach, wird im Talmud als «blutig» bezeichnet.) Wobei die Leibesstrafen seit der Zerstörung des Tempels ohnehin aufgehoben sind. Davon unberührt bleibt das *Zeremonialgesetz*[225], das den Juden von Gott auf dem Sinai verkündet wurde, das sich jedoch ausschließlich auf deren Verhalten und nicht auf deren Glauben bezieht. Die mit der Verkündung verbundenen Wunder als Außerkraftsetzung der Naturgesetze, die für Mendelssohn, ganz im Sinne der jüdisch-mittelalterlichen Tradition, durch die Gesamtheit des anwesenden jüdischen Volkes bezeugt und damit wahr sind, dienten einzig dazu, den verkündeten Verhaltensmaßregeln den nötigen Nachdruck zu verleihen – eine übergeordnete theologische Bedeutung erkennt er darin nicht.

Um weiterzugehen, hält Mendelssohn es für erforderlich, die Entstehung der Schrift zu erläutern; für ihn ist sie aus zeichenhaften Hieroglyphen abgeleitet worden, die wiederum in engem Zusammenhang mit dem *Thierdienst*[226] stehen. Auf deren Grundlage habe sich dann in einer Art Quantensprung die hebräische, abstrakte Schrift entwickelt, aus der sich alle weiteren Schriften gebildet hätten. Wobei der Begriff «Schrift» auch für innerkulturelle Werte und Symbole steht.

Und nun bin ich im Stande meine Vermuthung von der Bestimmung des Zeremonialgesetzes im Judenthume deutlicher zu machen.[227] Er begreift das *Zeremonialgesetz* als besondere Form von Mitteilung. Durch das vorgeschriebene *Thun* sollten die Juden *zum Nachdenken [...] veranlasset werden*[228], um sie in ihrer heidnischen Umwelt bei ihrer göttlichen Mission, *eine priesterliche Nation zu seyn*[229], zu stärken. Es gelte für alle Juden zu allen Zeiten, bis es von Gott mit dem gleichen Nachdruck aufgehoben werde, mit dem es in Kraft gesetzt wurde. Selbst ein zum Christentum übergetretener Jude ist für Mendelssohn – unter Berufung aufs Neue Testament – noch ans jüdische Religionsgesetz gebunden.

Und ihr, lieben Brüder und Mitmenschen! die ihr der Lehre Jesu folget, solltet uns verargen, wenn wir das thun, was der Stifter eurer Religion selbst gethan, und durch sein Ansehen bewährt hat? [...] – Wenn dieses, wie wir von christlich gesinnten Männern nicht vermuthen können, eure wahre Gesinnung seyn und bleiben sollte; wenn die bürgerliche Vereinigung unter keiner andern Bedingung zu erhalten, als wenn wir von dem Gesetze abweichen, das wir für uns noch für verbindlich halten; so thut es uns herzlich leid, was wir zu erklären für nöthig erachten: so müssen wir lieber auf bürgerliche Vereinigung Verzicht thun; so mag der Menschenfreund Dohm vergebens geschrieben haben, und alles in dem leidlichen Zu-

stande bleiben, in welchem es itzt ist, oder in welchen es eure Menschenliebe zu versetzen, für gut findet. Es steht nicht bey uns, hierin nachzugeben; aber es steht bey uns, wenn wir rechtschaffen sind, euch dennoch brüderlich zu lieben, und brüderlich zu flehen, unsere Lasten, so viel ihr könnet, erträglich zu machen.[230]

Von Religionsvermischung hält Mendelssohn nichts. Das gelegentlich propagierte Ideal der *Glaubensvereinigung*[231] werde nur zu moderneren, noch extremeren Formen der Intoleranz führen. Man solle sich an das *Thun* und *Lassen* eines Mitmenschen halten – und nicht an dessen Gesinnungen.[232] Um mit einem Zitat aus Zacharias 8:19 zu schließen: *Liebet die Wahrheit! Liebet den Frieden!*[233] Eine Bibelstelle, die sich auf die Völkerverständigung im Sinne der messianischen Verheißung bezieht, welche dereinst vom jüdischen Jerusalem ausgehen soll.

Mendelssohn weicht in seinem Text von der orthodoxen Mehrheitsmeinung bezüglich der rabbinischen Vollmachten ebenso ab wie, in Sachen des Glaubens, von der damals neuen chassidischen Religionsinterpretation. *Schwach und kurzsichtig ist des Menschen Auge! Wer kann sagen, ich bin in das Heiligtum Gottes gekommen, habe seinen Plan ganz übersehen, weis seine Absichten, Maß und Ziel und Gränze zu bestimmen? Aber erlaubt ist dem bescheidenen Forscher zu muthmaßen, aus dem Erfolge zu schließen, wenn er nur beständig eingedenk ist, daß er nichts als vermuthen kann.*[234]

Während die deutsch verfasste Schrift innerjüdisch zunächst wenig beachtet wird – dies erfolgt erst im Zusammenhang mit der hebräischen Mendelssohn-Biographie von 1788[235] –, wirkt sie auf sein christlich-aufgeklärtes Zielpublikum provozierend und verstörend. *Ein Leipziger Professor hat gesagt: Mendelssohn ist in dem ersten Abschnitte ein Sophist und in dem zweyten Stockjude. Zu Wittenberg soll Jemand geurtheilt haben, ich sey Sacrilege [Gotteslästerer] und Naturalist [Materialist].*[236] Der Philosoph und Autor Johann Georg Hamann (1730–1788), «das schwer beladene Schiff der deutschen Literatur» (Jean Paul), mit dem sich Mendelssohn schon vor seiner Heirat schriftlich austauschte und der Mendelssohn in Königsberg eigenem Bekunden zufolge so oft wie möglich besucht hat, arbeitet fast ein Jahr lang an einer bissigen Widerlegung – Motto: «Siehe, ich will sie mit Wermuth speisen und mit Galle tränken, denn von den Propheten zu Jerusalem kommt Heucheley aus ins ganze Land.»[237] Michaelis wiederum versucht aus einer Randbemerkung Mendelssohns über den Eid der anglikanischen Bischöfe eine Beleidigung des englischen Oberhauses herauszulesen, verbunden mit dem Hinweis, dass dies für die jüdische Forderung nach Bürgerrechten «eben keine Empfehlung» sei – wodurch sich Mendelssohn zu einer achtzehnseitigen Erläuterung in der «Berlinischen Monatsschrift»[238] genötigt sieht: *[…] und noch itzt, nach Verfließung solcher Jahre der Aufklärung und Berichtigung der Nationalbegriffe, da es beinahe kein Verdienst mehr ist, die Vorurtheile dieser Art abgelegt zu haben, tritt noch immer so mancher Vertheidiger derselben, wiewohl mit offenbarer Ohnmacht, in eben diesen gelehrten Blättern auf, giebt sich die vergebliche Mühe, die vortrefflichen Ausarbeitungen eines Dohms herunterzusetzen, und ihnen so manche kahle Schreiberei vorzuziehen, welche die Vorurtheile wider die jüdische Nation wieder in Gang zu bringen suchet.*[239]

Wen faßt des Mitleids Schauer nicht, wenn er sieht,
Wie unser Pöbel Kanaans Volk entmenscht!
Friedrich Gottlieb Klopstock, «Ode an den Kaiser» [Joseph I.], 1782

Immanuel Kant schreibt ihm im Sommer 1783 in einem Privatbrief: «Ich halte dieses Buch vor die Verkündigung einer großen, obzwar langsam bevorstehenden und fortrückenden Reform, die nicht allein Ihre Nation, sondern auch andere treffen wird. Sie haben Ihre Religion mit einem solchen Grade von Gewissensfreyheit zu vereinigen gewußt, die man ihr gar nicht zu getrauet hätte und dergleichen sich keine andere rühmen kan.»[240] Doch nur, um 1803 in seiner «Religionsphilosophie» aus Mendelssohns Thesen abzuleiten, dass das Judentum «eigentlich gar keine Religion» sei, vielmehr «ein Inbegriff bloß statuarischer Gesetze».[241] Auch die negative Bewertung der jüdischen Religion durch spätere Philosophen wie Johann Gottlieb Fichte (1762–1814) bezieht sich (sieht man von persönlichen Vorurteilen ab) auf deren Interpretation durch den Aufklärer Mendelssohn, wobei das Judentum als ebenso überholt empfunden wird wie die Aufklärung selbst.[242]

Am wenigsten erstaunt über die zwiespältige Reaktion ist der Verfasser: *[...] Jerusalem ist ein Büchlein von einer besondern Art [...]. So viel ist sicher, es ist von einer Beschaffenheit, wie es weder Orthodoxe noch Heterodoxe beyder Nationen erwartet haben. Denn alle erwarteten Religionszank, und ich sehe mich, meiner bösen Gewohnheit nach, bey jedem Schritte nach speculativer Materie um, die ich anknüpfen kann, und lasse den Streitkolben darüber aus den Händen fallen. Dieses ist den mehrsten Lesern nicht recht. Wer aber schreibt auch für die mehrsten Leser?*[243]

Der Freund

Mendelssohn ist 54 Jahre alt. Er hat das Jahre währende, Kräfte und Mittel zehrende Projekt der *Friedenspfade* abgeschlossen und die *Psalmenübersetzung* erfolgreich veröffentlicht. Er hat sich mit *Jerusalem* als origineller politisch-philosophischer Denker zurückgemeldet. Seine älteste Tochter, die neunzehnjährige Brendel, hat im Frühling 1783 den zehn Jahre älteren Kaufmann Simon Veit geheiratet; seine zweitälteste, Recha, ist mit Mendel Meyer, dem Sohn seines langjährigen Freundes Nathan aus Alt-Strelitz, verlobt. Der Markt für Seidenstoffe ist mit wechselnder Mode zurückgegangen, Mendelssohn muss die Anzahl der Webstühle auf 78, schließlich auf 70 reduzieren, aber er hat zu leben.

Viel Neues, das sich gut anlässt. Er wird 1783, nachdem er eine Vollmitgliedschaft abgelehnt hat, zum korrespondierenden Mitglied der Berliner «Mittwochsgesellschaft» ernannt, die wie ein elitärer Nachfolger von Müchlers «Gelehrtem Kaffeehaus» für zu Rang und Ansehen gekommene Aufklärer wirkt – den veränderten Zeitumständen entsprechend als «Geheimgesellschaft» konstituiert. Man trifft sich ein- oder zweimal im Monat am Mittwoch, speist, hält Vorträge und ist, was persönliche Meinungsäußerungen betrifft, um Diskretion und Anonymität bemüht. Für die «Mittwochsgesellschaft» verfasst Mendelssohn den im September 1784 erscheinenden Aufsatz *Ueber die Frage: was heißt aufklären?*[244] Anders als Kant in seinem gleichzeitig und fürs gleiche Publikum verfassten Essay «Was ist Aufklärung» mahnt Mendelssohn zur Vorsicht im Umgang mit dem theoretisch Vernünftigen im praktischen Leben: *Schwer, aber nicht unmöglich ist es, die Grenzlinie zu finden, die auch hier Gebrauch vom Misbrauch scheidet.*[245] Sein junger Freund und Verehrer Karl Philipp Moritz (1756–1793), der als christliches Armeleutekind ein ähnliches Schicksal wie der junge Mendelssohn erlebt hat, gründet mit dessen aktiver Unterstützung das «Magazin zur Erfahrungsseelenkunde», das sich mit einer neuen Wissenschaft befasst, der Psychologie.

Karl Philipp Moritz: «Es war rührend anzusehen, wenn er, während daß seine Familie des Abends vergnügt am Tische saß, sich in die Nebenstube, die mit einer Glasthüre versehen war, auf seinen Sopha zurückzog, wo er durch den bloßen Anblick an der Freude der Seinigen Theil nahm, indem er sich jeden andern Mitgenuß auf das strengste versagen mußte.»[246] Die verheiratete Brendel veranstaltet Leseabende, an denen der Vater den Part des Nathan übernimmt. Und wenn er nicht den Nathan spielt, spielt er mit Nathan, seinem jüngsten Sohn, der sich selbst, sobald er sprechen kann, «der Weise» nennt. Er steht im Mittelpunkt eines Kreises junger jüdischer Männer, die sich um ihn geschart haben und ihn als ihren Schutzpatron betrachten, auch wenn ihre Bestrebungen mit den seinen nicht in allem übereinstimmen.[247]

Karl Philipp Moritz (1756 – 1793), Autor und Denker, der, mit Mendelssohns Unterstützung, die «Erfahrungsseelenkunde» als neue wissenschaftliche Disziplin begründete

Er trägt sich schon lange mit dem Gedanken, eine Arbeit über den Charakter und das Leben seines verstorbenen Freundes Lessing zu veröffentlichen, von dem er sich eine gute Büste im Zimmer mit dem «Sopha» aufgestellt hat. Seine Absichten sind einer gemeinsamen Freundin Lessings und Mendelssohns, Elise Reimarus, bekannt, und das teilt sie im

Frühling 1783 Friedrich Heinrich Jacobi (1743–1819) mit, einem wohlhabenden Privatgelehrten, der in der Nähe von Düsseldorf lebt und seit Jahren in losem Kontakt mit Mendelssohn steht. Jacobi ist der Verfasser zweier philosophischer Romane, «Aus Eduard Allwills Papieren» und «Woldemar», die in ihren empfindsamen Gefühlsschilderungen an den «Werther» erinnern, mit dessen Autor Goethe Jacobi befreundet oder gut bekannt ist.

Friedrich Heinrich Jacobi (1743–1819). Kupferstich von Carl Ernst Christoph Hess nach François Hemsterhuis, 1781

Für Jacobi Anlass, Elise Reimarus eine ihm besonders wichtig erscheinende Mitteilung zu machen und ihr anheimzustellen, diese an Mendelssohn weiterzureichen – oder eben nicht: «Sie wissen vielleicht, und wenn Sie es nicht wissen, so vertraue ich Ihnen hier unter der Rose der Freundschaft, daß Leßing in seinen letzten Tagen ein entschiedener Spinozist war. Es wäre möglich, daß Lessing diese Gesinnungen gegen mehrere geäussert hätte; und dann wäre es nöthig, daß Mendelssohn in dem Ehrengedächtnisse, das er ihm setzen will, gewissen Materien entweder ganz auswiche, oder sie wenigstens äusserst vorsichtig behandelte.»[248] Wobei «Spinozist» einen ähnlich unguten Beiklang hat wie «Atheist» und es um Lessings Andenken nicht zum Besten steht. In der von einem Mitarbeiter Lavaters herausgebrachten Zeitschrift «Der Kirchenbote für Religionsfreunde aller Kirchen» war eine grob verfälschende Darstellung von Lessings Tod erschienen, der zufolge er als Gotteslästerer gestorben sein soll.[249]

Der verdutzte Mendelssohn (den Elise Reimarus umgehend informiert) bittet um genauere Erklärung. Jacobi schickt ihm daraufhin im November 1783 eine frühe Fassung von Goethes «Prometheus» (mit der Mendelssohn nichts anfangen kann) und eine vierzehn Druckseiten umfassende Zusammenfassung eines philosophischen Dialogs zwischen ihm, Jacobi, und Lessing vom Sommer 1779, von fremder Hand abgeschrieben, mit Fußnoten und Querverweisen versehen. Darin kommt vor allem Jacobi zu Wort, der sich scheinbar auf den Spinozismus Lessings einlässt, jedoch nur, um den Haupt- und Leitsatz der eigenen «vorweggenommenen Existenzphilosophie» (Kirchenlexikon) besonders wirksam zur Geltung zu bringen: «Das Element aller menschlichen Erkenntnis und Würksamkeit, ist Glaube.» [250]

In der Folge kommt es zu einem Briefwechsel zwischen Mendelssohn und Jacobi über die Philosophie Spinozas, wobei sich der vom Sommer 1784 bis zum Frühling 1785 hinziehende Gedankenaustausch genauso quälend gestaltet wie von Mendelssohn befürchtet. Jacobi versucht einen philosophischen Hase-und-Igel-Lauf zu veranstalten, bei dem Mendelssohn entweder ihn oder Spinoza nicht verstanden hat. Im Grunde geht es darum, dass der Christ Jacobi in den wenigen Tagen, in denen er Lessings Bekanntschaft genoss, dem großen Autor nähergekommen sein will als der Jude Mendelssohn in dreißig Jahren intensiven geistigen Austauschs und dass Jacobi mit seiner vernichtenden Spinoza-Darstellung – «Spinozismus ist Atheismus» [251] – den holländischen Denker richtiger erfasst hat als dessen kritischer Bewunderer Mendelssohn. All dies versehen mit über die zeitüblichen Höflichkeitsformen hinausgehenden schmeichelhaften Anreden: «lieber Edler Mendelssohn» [252], «mein Verehrungswürdiger – Gönner oder Freund – wie darf ich Sie nennen?» [253], «mein Theuerster» [254], während er Elise Reimarus gegenüber die Berliner Aufklärung, als deren prominenter Vertreter Mendelssohn gilt, als «morgue berlinoise» [255] (Berliner Leichenschauhaus) bezeich-

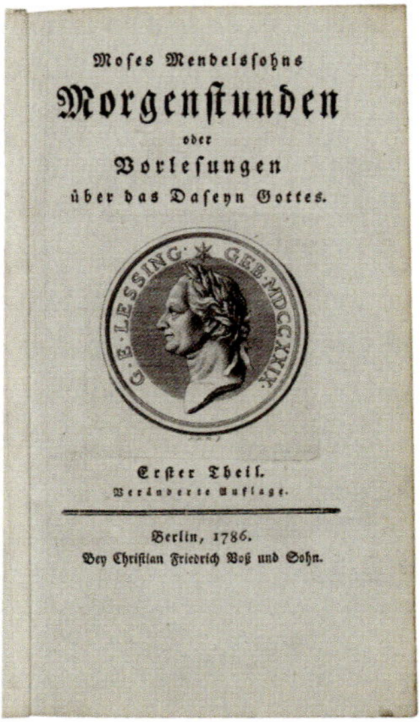
Moses Mendelssohns
Morgenstunden
oder
Vorlesungen
über das Daseyn Gottes.

Erster Theil.
Veränderte Auflage.
Berlin, 1786.
Bey Christian Friedrich Voß und Sohn.

Die zweite Auflage der «Morgenstunden» von 1786, mit einer Titelvignette des lorbeerbekränzten Lessing von Johann Wilhelm Meil, der auch das Frontispiz zum «Phädon» entwarf

net. *Zum Verwirren und Durcheinanderwerfen der Begriffe gehört bloß Scharfsinn; und diesen haben solche rasche Köpfe im Überflusse. Aber der Widerleger hat sisyphische Arbeit.*[256]

Doch Mendelssohns Freude am Denken triumphiert einmal mehr über provozierende Polemik. Er verfasst zeitgleich die *Morgenstunden oder Vorlesungen über das Daseyn Gottes* – eine erläuternde Darstellung der eigenen philosophischen Weltsicht, ausgehend von den in den frühen Morgenstunden abgehaltenen Privatvorlesungen für seinen Sohn Joseph und seinen Schwiegersohn Simon Veit sowie den Neffen von Hartwig Wessely, Bernhard Wessely (1768–1826): *W., der Sohn einer Familie, mit der ich seit vielen Jahren in freundschaftlicher Verbindung stehe [...].* (Ob, wie gelegentlich vermutet, auch die beiden älteren Töchter teilgenommen haben, ist umstritten, Mendelssohn erwähnt lediglich *drey Jünglinge*[257].)

In einem *Vorbericht* weist der Autor entschuldigend darauf hin, dass er mit den neuesten Entwicklungen auf dem Gebiet der Philosophie aus gesundheitlichen Gründen nicht habe Schritt halten und selbst *die Werke [...] des alles zermalmenden Kants*[258] nur indirekt, in Zusammenfassungen und Auszügen, zur Kenntnis habe nehmen können.

Schritt um Schritt wird ein in sich schlüssiges philosophisches Denkgebäude errichtet, in das auch Spinoza und Lessings *geläuterter Spinozismus*[259] eingebunden werden. Lessings «Nathan» bezeichnet Mendelssohn als *Anti-Candide [...]. Der Französische Dichter [Voltaire] sammelte alle Kräfte seines Witzes, spornte die unerschöpfliche Laune seines satyrischen Geistes, mit einem Worte, strengte alle außerordentliche Talente, die ihm die Vorsehung gegeben, an, um auf diese Vorsehung selbst eine Satyre zu verfertigen. Der Deutsche that eben dieses, um sie zu rechtfertigen, und um sie den Augen der Sterblichen in ihrer reinsten Verklärung zu zeigen.*[260]

370 Kleinoktav-Druckseiten anspruchsvoller Philosophie, in der für Mendelssohn typischen Klarheit ausgearbeitet, und dies bei ständig schwankender Gesundheit; zu den bekannten Problemen kommen nun Schwierigkeiten mit dem Sehen. Entsprechend erleichtert wird Mendelssohn gewesen sein, als er die *Morgenstunden* der Öffentlichkeit übergibt – und, am *4. October 1785*, an Jacobi: *Ich habe von den ersten Grundbegriffen anfangen müssen, weil ich vermuthe, daß in dieser Region der Grund enthalten sey, warum wir uns einander so wenig verstehen. [...] Haben Sie also die Geduld, mich meine ganze Lection aufsagen zu lassen [...].*[261] Die hat Jacobi nicht, der etwa zeitgleich seinen Briefwechsel mit Mendelssohn in eigener Zusammenfassung und Redaktion drucken lässt. Aus seiner Sicht ein Akt der Notwehr, da Mendelssohn ihm die *Morgenstunden*, in denen er – irrigerweise, er wird nicht erwähnt – prominent vorzukommen glaubt, nicht «in der Handschrift» vorgelegt habe. «Es war höchst wichtig für mich, daß man genau erführe, in welchem Verstande ich die Partie des Spinoza genommen hatte [...].»[262]

Dass er damit nach eigener Meinung «äußerst vorsichtig zu behandelnde Materien» zum Schaden Lessings an die Öffentlichkeit zerrt, stört ihn ebenso wenig wie der eigenmächtige Umgang mit Briefen anderer, welchen er, als ihm dergleichen Jahre später selber widerfährt, als «unverantwortliche Gemeinmachung»[263] geißelt. *Es liegt so etwas verschobenes, so etwas verwickeltes in dem ganzen Betragen dieses Mannes, darein ich mich nicht finden kann.*[264]

Mendelssohn sieht sich damit in eine jener giftigen Literatur-Querelen hineingezogen, denen auszuweichen er sich lebenslang bemüht hat. *Hr. Jacobi […] hat unter dem Titel Ueber die Lehren des Spinoza in Briefen an Moses Mendelssohn, eine Schrift herausgegeben, die diese Veranlaßung enthält. Er macht in derselben einen Briefwechsel zwischen Ihm, einer dritten Person [Elise Reimarus] und mir bekannt, in welchem Jacobi darauf ausgehet unsren Leßing zum erklärten Spinozisten zu machen. […] Er für seine eigne Person ziehet sich am Ende unter die Kanone des Glaubens zurük, u findet Rettung u Sicherheit in einer Bastion des seeligmachenden Lavaters, aus dessen engelreinem Munde er am Ende seiner Schrift eine trostreiche Stelle anführt, die mir keinen Trost geben kann, weil ich sie nicht verstehe. Ueberhaupt ist diese Schrift des Hrn Jacobi ein seltenes Gemische, eine fast monströse Geburt, der Kopf von Göthe, der Leib Spinoza, u die Füße Lavater.*[265]

Der wütendste […] Gegner Spinozas war Fr. Heinr. Jacobi, dem man zuweilen die Ehre erzeigt, ihn unter den deutschen Philosophen zu nennen. Er war nichts als ein zänkischer Schleicher, der sich in dem Mantel der Philosophie vermummte und sich bei den Philosophen einschlich, ihnen erst viel von seiner Liebe und weichem Gemüte vorwimmerte und dann auf die Vernunft losschmähte. Sein Refrain war immer, die Philosophie, die Erkenntnis durch Vernunft sei eitel Wahn, die Vernunft wisse selbst nicht, wohin sie führe, sie bringe den Menschen in ein dunkles Labyrinth von Irrtum und Widerspruch, und nur der Glaube könne ihn sicher leiten.

Heinrich Heine, «Zur Geschichte der Religion und Philosophie in Deutschland», 1835

Wobei ein guter Teil der Öffentlichkeit nicht mehr auf seiner Seite steht. Kant, den er in dem privatesten Brief, den er je an den Kollegen geschickt hat, vergeblich um Stellungnahme bittet (die oben angeführte Beschreibung ist dort entnommen), legt denselben Jacobis Freund (und nunmehrigem Mendelssohn-Gegner) Hamann vor[266], verbunden mit der Ermahnung, davon keinen nachteiligen Gebrauch zu machen. Hamann leitet den Inhalt des Briefes an Jacobi weiter, dem er «die größte Kaltblütigkeit gegen alle Conföderirten und Secundanten des Rabbi zu Berlin»[267] wünscht. Herder erklärt, sein langjähriger Bekannter und Briefpartner Mendelssohn sei ein «zu pfiffiger Ebräer, als daß ein ehrlicher Christ mit ihm auskäme»[268]. Auch Goethe schreibt von «den jüdischen Pfiffen, mit denen der neue Sokrates zu Wercke geht»[269]. Matthias Claudius unterstützt Jacobi, Lavater sowieso, und einem jungen Theologen zufolge hat sich Mendelssohn «hämisch gegen Wahrheit und Christenthum»[270] vergangen.

In einem dreißig Druckseiten umfassenden Aufsatz wendet sich Mendelssohn *An die Freunde Lessings.* Er fasst darin die Vorgeschichte aus seiner Sicht zusammen und stellt klar, dass Lessing keiner fremden Verteidigung bedarf. *Lessing und Heuchler, der Urheber Nathans und Gotteslästerer – Wer dieses zusammen denken kann, der allein vermag das Unmögliche, der kann eben so leicht Lessing und Dummkopf zusammen denken!*[271]

Mit Jacobis Spinoza-Interpretation vermag er nicht mehr anzufangen als mit dessen Moral. *Mit einem Worte, ich kann mich in die praktischen Grundsätze des Herrn J. eben so wenig, als in seine theoretischen finden. Ich glaube, es sey bey so bewandten Umständen durch Disput wenig auszurichten, und also wohl gethan, daß wir auseinander scheiden. Er kehre zum Glauben seiner Väter zurück, bringe durch die siegende Macht des Glaubens die schwermäulige Vernunft unter Gehorsam, schlage die aufsteigenden Zweifel, wie in dem Nachsatze seiner Schrift geschieht, durch Autoritäten und Machtsprüche nieder; seegne und versiegele seine kindliche Wiederkehr mit Worten aus dem frommen, engelreinen Munde Lavaters.*

Ich von meiner Seite bleibe bey meinem jüdischen Unglauben, traue keinem Sterblichen einen engelreinen Mund zu, möchte

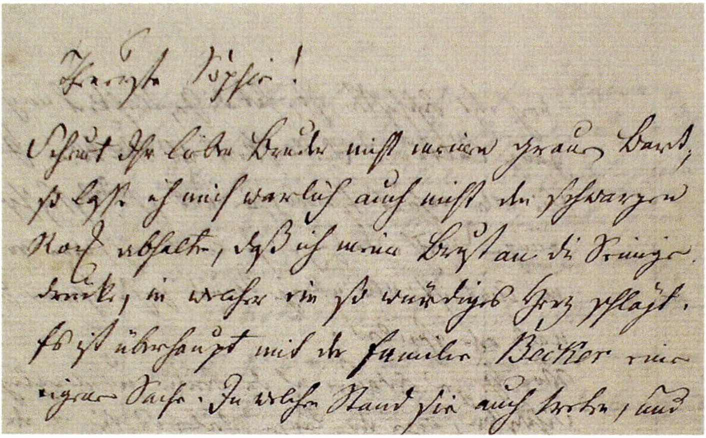

Privatbrief Mendelssohns vom 23. Dezember 1785.
Eines der letzten erhaltenen Schriftstücke

selbst von der Autorität eines Erzengels nicht abhängen, wenn von ewigen Wahrheiten die Rede ist […]. Ich setze das volle uneingeschränkte Vertrauen in die Allmacht Gottes, daß sie dem Menschen die Kräfte habe verleihen können, die Wahrheiten, auf welche sich seine Glückseeligkeit gründet, zu erkennen, und hege die kindliche Zuversicht zu seiner Allbarmherzigkeit, daß sie mir diese Kräfte habe verleihen wollen. [272]

Wie groß Mendelssohns innerer Druck ist, zeigt sich daran, dass er diesen Text noch am Abend des 31. Dezember, nach Sabbat-Ausgang, persönlich zur Druckerei von Christian Voss bringt, die (wie sein Biograph Heinz Knobloch festgestellt hat) etwa acht Gehminuten von der Spandauer Straße 68 entfernt jenseits der Spree liegt. Was darauf schließen lässt, dass ihn das Thema selbst den Ruhetag über (an dem man sich doch von den Tagesgeschäften erholen sollte) beschäftigt oder gleich danach derart intensiv angesprungen hat, dass er das Manuskript unbedingt noch im alten christlichen Jahr aus dem Haus haben will. Wie bei den Fromet geraubten Küssen ein seltener Moment, in dem man den Philosophen von seinen

Gefühlen überwältigt sieht. Der kleine, zart gebaute Mann mit der angeschlagenen Gesundheit verlässt das Haus in der kalten Winternacht ohne den schützenden Mantel, in den ihn sein Vater eingehüllt hatte, als er ihn, vor über fünfzig Jahren, frühmorgens auf dem Rücken zur Schule trug.

Am folgenden Montag, dem 2. Januar 1786, hört Marcus Herz, der Arzt und Philosoph, dass es Mendelssohn nicht gut geht.

«‹[...] Ich eilte zu ihm und fand ihn stehend an der Commode, mit seinen Handlungsbüchern beschäftigt. Wie geht es, mein lieber Moses? Sie sind krank? – Ich habe mich Sonnabends erkältet, war seine Antwort, als ich meine Schrift im Betref der Jacobischen Sache zu Vossen brachte; es ist mir lieb, daß ich diese verdrießliche Sache vom Halse habe.› – Er sagte dieß Letzte mit einem ihm ungewöhnlichen Widerwillen und Mißmuth, der mir durch die Seele ging. In der That schien ihm noch nichts in seinem Leben so viel oder vielmehr überhaupt eigentliche Gemüthskränkung verursacht zu haben, als diese Sache seines Lessings. – Sie glauben nicht, fuhr er fort, wie schwach seit einiger Zeit mein Gedächtniß ist. Mein Cassenbuch ist voller Unordnung; bald fehlt es hier, bald da, und da muß ich nun stehen und mich anstrengen, um es wieder in die Richte zu bringen. Er klagte ferner über Schwäche, machte aber nicht viel aus seiner Unpäßlichkeit; sein Puls war natürlich, der Athem frey; nur der Husten etwas feste [...]. Wir sprachen hierauf von dem Zustande der Medicin, von dem er eine sehr große Idee hatte, und von den Geistesfähigkeiten und Nebenwissenschaften, die zum großen praktischen Arzte erfordert werden; und so verließ ich ihn, ohne ihm etwas zu verordnen, weil sein Körper schlechterdings keine Arzneyen vertragen konnte. –

Dienstags Vormittags fand ich ihn, in Pelz gehüllt, auf dem Sopha unter seines Lessings Büste sitzen, gleich dem ersten Blick nach, kränker und schwächer. ‹Ich bin heute recht herzlich krank, lieber Doktor, sagte er. Mein Husten will nicht

Von seiten seines Charakters war er, wie er selbst gestand, von Natur zu Leidenschaften geneigt, hatte es aber durch lange Übung in der stoischen Tugend in ihrer Beherrschung sehr weit gebracht. So kam einst der junge B. in der Meinung, daß Mendelssohn ihm unrecht getan habe, ihm darüber Vorwürfe zu machen, und sagte ihm eine Impertinenz über die andere. Mendelssohn stand an einen Stuhl gelehnt, wandte kein Auge von jenem weg und hörte alle seine Impertinenzen mit der größten stoischen Geduld an. Erst nachdem der junge Mensch ausgetobt hatte, ging Mendelssohn zu ihm und sagte: «Gehen Sie! Sie sehn, daß Sie hier Ihren Zweck nicht erreichen; Sie können mich nicht aufbringen.» Doch konnte Mendelssohn bei dergleichen Gelegenheiten seinen Kummer über die menschlichen Schwächen nicht verbergen.

Salomon Maimon, «Lebensgeschichte», 1792/93

los; ich kann nicht essen, habe nicht geschlafen und bin sehr entkräftet. Dennoch unterhielt er mich von den Geistesfähigkeiten seines kleinsten Sohnes, der gerade im Zimmer war, mit völliger Klarheit des Geistes. Sein Puls war etwas schwach und in einiger Bewegung. Ich beredete ihn, von einem sehr gelinden auflösenden kühlen Tränkchen dann und wann einen Löffel voll zu nehmen. –

‹Des Abends um fünf Uhr, lag er auf dem Sopha in einem etwas starken Fieber, wobey sein Athem aber freyer und sein Geist heiterer als des Vormittags war. Um 9 Uhr war das Fieber fast gänzlich weg, auch sein Athem freyer [...]. –

‹Mittewochs des Morgens um 7 Uhr kam sein Sohn bestürzt zu mir, und bat mich, sogleich zu seinem Vater zu kommen, der sehr unruhig wäre. Ich eilte hin und fand ihn auf seinem Sopha; nicht mehr unter Lessings Büste; denn diese stand gegen ihm über auf der Commode. Ich erschrack beym ersten Anblick; seine Augen hatten nicht mehr jenes durchdringende Feuer, sein Gesicht war eingefallen und blaß. Er empfing mich, nach seiner freundlichen Weise, mit einem Händedruck: Nehmen Sie nicht übel, lieber H. Doktor, daß ich Sie so früh beunruhige; ich habe eine elende Nacht gehabt. [...] Sein Puls war fast natürlich, nur etwas schwach, ohne die mindeste Unregelmäßigkeit. Ich erklärte ihm, nachdem ich einige Minuten nachgedacht hatte, geradezu meine Verlegenheit. Ich weiß wahrlich nicht, lieber H. Moses, was man mit Ihnen anfängt, da Sie schlechterdings keine Arzneyen vertragen können. Alles macht Ihnen Blähungen, alles Beängstigungen; das mindeste wirft Sie über den Haufen. Ich will mich einmal aufsetzen, vielleicht geht es besser, sagte er. Er richtete sich mit ziemlicher Kraft, setzte sich auf den benachbarten Stuhl, stand nach einer halben Minute wieder auf, setzte sich auf den Sopha, und sagte: es ist nun etwas vorüber. Aber sein Ansehen ward immer mißlicher und während, daß ich in das benachbarte offene Zimmer zu seiner Gattin und seinem Schwiegersohne ging, ihnen seinen Zustand zu verkündigen und zu bitten, daß man mir einen Gehülfen riefe, hörte ich ein Geräusch auf dem Sopha, ich sprang hinzu, und da lag er, ein wenig von dem Sitze herabgesunken, mit dem Kopfe rücklings, etwas Schaum vor dem Munde; und weg war Athem, Pulsschlag und Leben. Wir versuchten verschiedenes, ihn zu ermuntern, aber vergebens. Da lag er ohne vorhergegangenes Röcheln, ohne Zuckung, ohne Verzerrung, mit seiner gewöhnlichen Freundlichkeit auf den Lippen, als wenn ein Engel ihn von der Erde hinweggeküßt hätte.» [273]

Die Beerdigung erfolgt am Donnerstag, dem 5. Januar 1786.

«Ein Schauer drang durch meine Seele,
Als ich die tiefe Trauer eures Volkes sah.
Von Sonnenaufgang bis zu Sonnenuntergang
Sah ich der Wechsler Tische leer,
Der Krämer Haus verschlossen,
Des Handels Lauf gehemmt.
Man trauret um den Redlichsten in Israel,
Als um den Obersten im Volk,
Als um den Aeltesten des Landes.» [274]

So die christlich-fromme «Eusebia» tröstend zu ihrer jüdischen Schwesterfigur «Sulamith», die der Dichter Ramler

פ״נ
החכם ר׳ משה מדעסא
נולד י״ב אלול
התפ״ח
נפטר ביום ד׳ ה׳ שבט
ונקבר למחרתו ביום ה׳ ו׳ בו
התק״מו
ת̇נ̇צ̇ב̇ה̇.

Wanderer, nachts Mendelssohns Grab betrachtend, im Hintergrund ein zu früh begrabener Scheintoter. Titelvignette von Wilhelm Chodowiecki für einen Aufsatz von Markus Herz gegen voreilige Beerdigungen, 1788.
Darunter die erste Grabsteininschrift: H[ier] R[uht] / DER WEISE R[abbi] MOSES DESSAU / GEBOREN AM 12. ELLUL / 5488 [17. August 1728, vgl. S. 9] / VERSTORBEN AM MITTWOCH, DEN 5. SCHEWAT [4. Januar] / UND BEGRABEN AM NÄCHSTEN MORGEN, AM DONNERSTAG, DEN 6. / 5546 [5. Januar 1786] / S[eine] S[eele sei] E[ingebunden in den] B[und des] L[ebens; 1 Samuel 25:29].
Der alte jüdische Friedhof an der Hamburger Straße wurde von den Nazis eingeebnet, mit Schützengräben durchzogen und zur Bestattung von Bombenopfern benutzt. Heute ist nur noch Mendelssohns rekonstruiertes Grab zu sehen.

in seiner «Trauerkantate auf den Tod Moses Mendelssohns» als Verkörperung des jüdischen Volkes in die deutsche Literatur einführt. Das Werk wird von Bernhard Wessely, dem Neffen des Dichters, vertont und am 23. Mai 1786 in Berlin aufgeführt.[275] Die ein Jahr später (9. Mai 1787) erfolgende Darbietung in Königsberg wird zum gesellschaftlichen Großereignis mit über 500 Teilnehmern. Immanuel Kant besucht dafür zum ersten Mal seit achtzehn Jahren einen Konzertsaal, Isaak Euchel übergibt dem Komponisten und den beiden jüdischen Solistinnen im Namen der «Hebräischen Litteraturfreunde» silberne und goldene Mendelssohn-Gedenkmedaillen.[276]

Die näheren Umstände von Mendelssohns Tod bleiben nicht verborgen. Karl Philipp Moritz, in einem mehrfach abgedruckten Zeitungsartikel vom 26. Januar 1786: «M… starb auf die edelste Art, die ein Sterblicher sich wünschen kann – er ward ein Opfer der Freundschaft für seinen Lessing, und starb als ein Märtyrer der Vertheidigung der unterdrückten Rechte der Vernunft gegen Fanatismus und Aberglauben. – Lavaters Zudringlichkeit gab seinem Leben den ersten Stoß, Jakobi vollendete das Werk.»[277] Eine Darstellung, von der sich Marcus Herz und Fromet Mendelssohn distanzieren – aus praktischer Vernunft und wohl auch, um Jacobi nicht den Ruf des Drachentöters zuzuerkennen, mit dem der sich nun, zumindest in Privatbriefen, schmückt. «Ich konnte unmöglich böse werden über einen Mann, den ich so schrecklich böse gemacht hatte, und der wahrscheinlich vor Gift gestorben war.»[278]

Salomon Maimon, der arme polnische Rabbiner, den Mendelssohn aufnahm und förderte und der es unterdessen zum nach wie vor unbemittelten, bedeutenden deutschen und hebräischen Philosophen gebracht hat, sieht schärfer und genauer: «Ja, ein berühmter Mediziner behauptete sogar, daß Mendelssohn darüber gestorben sei, dem ich doch, ohne Mediziner zu sein, dreist widersprechen darf. Mendelssohn hat sich sowohl gegen Jakobi als gegen Lavater als ein Held benommen. Nein, nein! dieser Held ist am fünften Akt gestorben.»[279] Die Aufklärung ist vorbei, die Gelehrtenrepublik im Begriff, sich in eine «Republik der Deutschen» (Fichte) zu verwandeln, die Juden als auszugrenzenden «Staat im Staate»[280] begreift. Das Zeitalter der von ihrem konsequenten Anhänger Kant in die Schranken gewiesenen Vernunft wird von einem Weltverständnis abgelöst, innerhalb dessen – um den Historiker Alfred Bruer zu zitieren – «mit Verstand nichts mehr bewiesen oder widerlegt, mit Phantasie dagegen alles behauptet werden konnte»[281]. *Wir träumten von nichts als Aufklärung, und glaubten durch das Licht der Vernunft die Gegend so aufgehellt zu haben, daß die Schwärmerey sich gewiß nicht mehr zeigen werde. Allein wie wir sehen, steiget schon, von der andern Seite des Horizonts, die Nacht mit allen ihren Gespenstern wieder empor. Das Fürchterlichste dabey ist, daß das Uebel so thätig, so wirksam ist. Die Schwärmerey t h u t, und die Vernunft begnügt sich zu s p r e c h e n.*[282]

Fromet, die nun als «Fromet, Frau des Rabbi Mausche Dessau, seligen Angedenkens» oder «Fromet Gugenheim, Moses Mendelssohn W[we]» unterschreiben muss, ist 48 Jahre alt; ihre verheiratete Tochter Brendel Veit (die spätere Dorothea Schlegel) 21; die ebenfalls verheiratete Recha 18; Joseph, Mendelssohns geliebter Ältester, 15; Jente (später Henriette) 10, Abraham, der künftige Vater Fanny und Felix Mendelssohns, 9; und der kleine Nathan gerade 4. Wie von Mendelssohn befürchtet, verliert die Familie nun ihr Aufenthaltsrecht. Doch am 17. August 1786 stirbt auch Friedrich II., und sein Nachfolger Friedrich Wilhelm II. erweist sich als großer Mendelssohn-Verehrer, der Fromet und den Kindern «wegen der bekannten Verdienste ihres Mannes und Vaters»[283] das Generalprivileg verleiht, und dies unter Verzicht auf sämtliche Abgaben und Porzellankäufe. Damit ist die Familie in die höchste Aufenthaltsklasse aufgenommen und rechtlich Christen gleichgestellt. 1787 zieht Fromet mit den drei minderjährigen Kindern, für deren Lebensunterhalt und weitere Erziehung sie nun allein verantwortlich ist, nach Neu-Strelitz, wo ihre verheiratete Tochter Recha wohnt. Nur der halbwüchsige Joseph bleibt zu Ausbildungszwecken in Berlin und gründet 1795, zwei Jahre nach seiner Heirat, das Bankhaus Mendelssohn, an dem sich 1804 sein jüngerer Bruder Abraham mit der Mitgift seiner Frau Lea Salomon (1777–1842) beteiligen wird. Das erfolgreiche Geldinstitut, dem in der Entwicklung Preußens eine wichtige und ehrenvolle Rolle zukommt, bleibt bis 1938 bestehen, als es nach Schließung durch die Nazis in die Deutsche Bank eingegliedert wird.[284]

Die Judenemanzipation, für die Mendelssohn sich so sehr einsetzte, kommt in Preußen mit der von ihm beschriebenen Zögerlichkeit des menschlichen Fortschritts 1812 zustande – in deutlich geringerem Ausmaß als von ihren Beförderern gewünscht, doch immerhin weitgehend genug, um den Juden genau auf den wirtschaftlichen Gebieten – Banken und Handel – neue Chancen zu eröffnen, die für die nun anstehende Industrialisierung Preußens und Deutschlands von besonderer Bedeutung sind. Was zugleich das Klischee vom Juden als zersetzendem Agenten der Moderne prägt.

Die Anziehungskraft der Mehrheitskultur wird bei anhaltend eingeschränkten bürgerlichen Rechten größer. David Friedländer, der sich noch auf seinem Grabstein als «Treuer Schüler und Freund des Weltweisen Moses Mendelssohn»[285] bezeichnen lassen wird, geht so weit, 1799 ein «Sendschreiben [...] von einigen Hausvätern jüdischer Religion»[286] an einen liberalen Berliner Geistlichen zu verfassen. Darin bietet er den Übertritt einer größeren Gruppe gebildeter Juden zum Christentum einschließlich Taufzeremonie an – wenn man ihnen den Glauben an die Dogmen desselben erlasse. Das Angebot erregt einiges Aufsehen, das meiste davon judenfeindlich, wird aber von christlicher wie jüdischer Seite zurückgewiesen.

Das Gleichgewicht zwischen Religion und Vernunft, orthodox-jüdischer und deutscher Kultur, das der Vater so souverän einhalten konnte, bleibt den Kindern Mendelssohns versagt. Nur zwei, Joseph, den er noch weitgehend selbst erzogen und ausgebildet hat, und die zweitälteste Tochter Recha halten an ihrem Judentum fest. Die erste Getaufte in der Familie ist die unglücklich verheiratete Brendel / Dorothea, die 1797 den genialischen Romantiker Friedrich Schlegel ihrem biederen, grundanständigen Ehemann Simon Veit vorzieht. Sie wechselt gleich zweimal die Religion, 1804 wird sie Protestantin, 1808 Katholikin. 1809 tritt Mendelssohns Jüngster, Nathan, über, der später preußischer Staatsbeamter wird.[287] Abraham entscheidet sich 1816, vier Jahre nach Fromets Tod, seine Kinder protestantisch taufen zu lassen. Der wohlhabende, selbstsichere, juristisch Christen gleichgestellte Bankier hat beobachtet, wie ein kleiner königlicher Prinz seinen sechsjährigen Sohn Felix als Jude verhöhnte.[288] 1822 werden auch er selbst und seine Frau Lutheraner. Die zeitlebens unverheiratete Jente / Henriette geht nach Paris, wo sie ein Mädchenpensionat eröffnet. Sie wird von einem napoleonischen General zu vorteilhaften Konditionen als Gouvernante für sein einziges Kind engagiert, wofür sie, trotz mancher Zweifel, zum katholischen Glauben übertritt, um schließlich, wie ihre Schwester Dorothea, dessen begeisterte Anhängerin zu werden. Doch bei allen Religionsunterschieden kommen die Kinder und Enkel von Moses und Fromet Mendelssohn gut miteinander aus und begründen ein weit verzweigtes Bürger- und Adelsgeschlecht, das bis heute Bestand hat.

Der Denker und Aufklärer Mendelssohn wird zur Ikone, die man entweder für sich beansprucht oder als Vertreter der Gegenrichtung bekämpft und herabsetzt. Seine Philosophie gilt als überholt. Er wird zur Zielscheibe für juden- und geistfeindliche Angriffe gegen die Aufklärung und zum Zankapfel innerjüdischer Auseinandersetzungen. Während die ersten orthodoxen Kritiken Mendelssohns noch vorsichtig und respektvoll formuliert sind (von Autoren, die ihn persönlich gekannt und geschätzt haben), wird er später als vermeintlicher

Urheber der jüdischen Moderne heftig angegriffen, deren Vertreter, die ihn als ihren Helden feiern, sich (wie David Friedländer) selbst da auf ihn berufen, wo dies im klaren Gegensatz zu dem steht, was er gedacht, geschrieben und vorgelebt hat.

Unabhängig davon haben beide Seiten im Zusammenleben mit der Mehrheitsgesellschaft stets auf die Allgemeingültigkeit der ebenso schlichten wie anspruchsvollen Prinzipien vertraut, die er all denen ins Stammbuch schrieb, die sich näher für ihn und sein Werk interessierten:

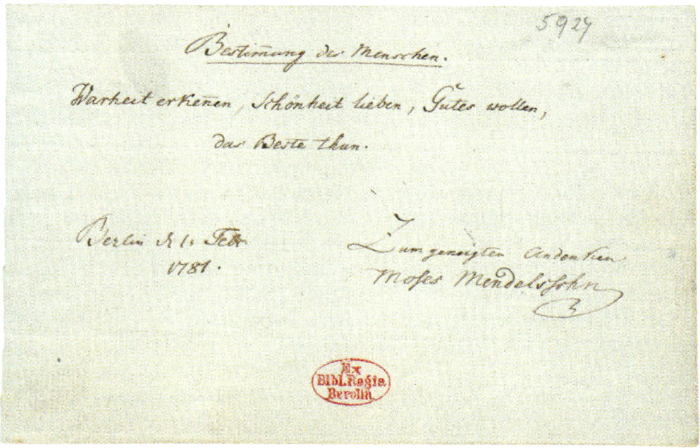

Bestimmung des Menschen.

Warheit erkenen, Schönheit lieben, Gutes wollen,
das Beste thun.

Berlin d. 1. Febr.
1781.

Zum geneigten Andenken
Moses Mendelssohn

Anmerkungen

Hinweise zur Benutzung:

«Ebd.» (ebenda) bezieht sich auf das zuvor zitierte Dokument; «a. a. O.» (am angegebenen Ort) auf ein weiteres Dokument im zuvor zitierten Band.

Jüdischdeutsche Texte sind in deutscher Umschrift wiedergegeben. Da Jüdischdeutsch in hebräischen Konsonanten ohne Vokalzeichen notiert wird, werden darin komplizierte Begriffe, der Lesbarkeit halber, manchmal getrennt («Wissen Schaften» statt «Wissenschaften»). Das scheinbar fehlende «ich» ist eine stilistische Eigenart.

Siglen

Altmann: Alexander Altmann, Moses Mendelssohn. A Biographical Study. London 1973.

Badt-Strauss: Moses Mendelssohn. Der Mensch und das Werk. Zeugnisse, Briefe, Gespräche. Hg. von Bertha Badt-Strauss, Berlin 1929.

Brautbriefe: *Brautbriefe.* Mit e. Einf. von Ismar Elbogen. Königstein / Ts 1985, Jüdischer Verlag bei Athenäum Verlag (Nachdr. d. Ausg. Berlin 1936, Schocken-Verlag).

Bruer: Alfred A. Bruer, Geschichte der Juden in Preußen (1759 – 1820). Frankfurt / New York 1991.

Bulletin: Bulletins des Leo Baeck Instituts, Tel Aviv.

Dubnow: Simon Dubnow, Weltgeschichte des jüdischen Volkes. Von seinen Uranfängen bis zur Gegenwart. In zehn Bänden. Autorisierte Übersetzung aus dem russischen Manuskript von Dr. A. Steinberg, Berlin 1928.

Feiner: Shmuel Feiner, The Jewish Enlightenment. Translated by Chaya Naor, Pennsylvania 2004.

Hensel: Die Familie Mendelssohn 1729 – 1847. Nach Briefen und Tagebüchern. Hg. von Sebastian Hensel, Leipzig 1924.

Jacobi: Friedrich Heinrich Jacobi, Über die Lehre des Spinoza in Briefen an den Herrn Moses Mendelssohn. Auf der Grundl. der Ausg. von Hammacher und Irmgard-Maria Piske, bearb. von Marion Lauschke, Hamburg 2000.

JubA: *Gesammelte Schriften.* Jubiläumsausgabe. Begonnen von I. Elbogen, J. Guttmann, E. Mittwoch, Berlin 1929 – 1938; neu aufgelegt und fortgesetzt von A. Altmann, E. J. Engel, in Gemeinschaft mit F. Bamberger, H. Borodianski (Bar-Dayan), S. Rawidowicz, B. Strauss, L. Strauss, W. Weinberg. Stuttgart-Bad Cannstatt 1971 f., Friedrich Fromann Verlag, Günther Holzboog.

Katalog: Michael Albrecht, Moses Mendelssohn (1729 – 1786). Das Lebenswerk eines jüdischen Denkers der deutschen Aufklärung. Ausstellungskatalog der Herzog August Bibliothek Wolfenbüttel, Acta Humaniora VCH, Weinheim 1986.

Kayserling: Dr. M[oritz, auch Mayer] Kayserling, Moses Mendelssohn, sein Leben und seine Werke, nebst einem Anhange ungedruckter Briefe von und an Moses Mendelssohn. Hermann Mendelssohn, Leipzig 1862.

Knobloch: Heinz Knobloch, Herr Moses in Berlin. Ein Menschenfreund in Preußen. Das Leben des Moses Mendelssohn. Das Arsenal, Berlin 1981.

Maimon: Salomon Maimon, Salomon Maimons Lebensgeschichte, von ihm selbst erzählt und herausgegeben von Karl Philipp Moritz. Neu hg. von Zwi Batscha. Insel Verlag, Frankfurt / M. 1984.

Meyer: Michael A. Meyer, Von Moses Mendelssohn zu Leopold Zunz: Jüdische Identität in Deutschland

1749–1824. Aus dem Engl. übers. von Ernst-Peter Wieckenberg, Beck, München 1994.

Nicolai: Friedrich Nicolai, Sämtliche Werke, Briefe, Dokumente. Kritische Ausgabe mit Kommentar. Hg. von P. M. Mitchell. Lang, Berlin 1995.

Rawidowicz: Moses Mendelssohn, *Schriften zum Judentum I.* Bearbeitet von Simon Rawidowicz. Akademie-Verlag, Berlin 1930.

Schochat: Asriel Schochat, Der Ursprung der jüdischen Aufklärung in Deutschland. Aus dem Hebräischen von Wolfgang Jeremias, mit einem Vorwort von Michael Graetz. Campus Verlag, Frankfurt a. M. / New York 2000.

Sorkin: David Sorkin, Moses Mendelssohn und die theologische Aufklärung. Aus dem Engl. von Peter van Suntum. Werner Eichbauer Verlag, Wien 1999.

1 JubA 3,1, S. 150 f. (*Phädon*, Anhang zur 3. Auflage).

2 Isaiah Berlin: The Age of Enlightenment. Oxford 1979, S. 14.

3 JubA 8, S. 106 (*Jerusalem*, Erster Abschnitt).

4 Berlin, S. 14.

5 JubA 3,2, S. 3 (*Morgenstunden*, Vorbericht).

6 Rawidowicz, S. 279 (Schreiben Mendelssohns im Zusammenhang mit einer Neufassung des «Judeneids»).

7 Bulletin 10 / 40, 1967, S. 237 f. (Autobiographische Mitteilung an den Bibliothekar J. J. Spieß, 1. 3. 1774).

8 Heinrich Graetz: Volkstümliche Geschichte der Juden. Bd. 6. Das europäische Judentum der Neuzeit bis zur Revolution von 1848. München 1985 (Nachdr. d. Ausg. von Berlin u. Wien 1923), S. 98.

9 Brautbriefe, S. 135 (30. 4. 1762, jüdischdeutsch).

10 JubA 23, S. 112 («Die Geschichte des Lebens unseres weisen Lehrers, Moses, Sohn des Menachem», von Itzik Euchel, Mitglied der Gesellschaft zur Förderung des Guten und des Edlen, Berlin 1788, übers. von Reuven Michael).

11 Israel Abrahams: Jewish Life in the Middle Ages. Philadelphia u. Jerusalem 1993 (Nachdr. d. Ausg. von Philadelphia u. Jerusalem 1896), S. 347–352.

12 JubA 23, S. 113 f. (Euchel).

13 JubA 8, S. 16 (*Vorrede* zu «Rettung der Juden»).

14 Bulletin 10 / 40, 1967, S. 272 f. (Mitteilung von David Friedländer an den literarischen Nachlassverwalter von F. Nicolai, in: L. F. G. v. Göckingk, Friedrich Nicolai's Leben und literarischer Nachlass, Berlin 1820, S. 146, Anm.).

15 Bruer, S. 74.

16 Kayserling, S. 8.

17 802 Erwerbstätige, mitsamt Familien und Anhang 2188 Menschen. Bruer, S. 84.

18 Bruer, S. 71 f.

19 Altmann, S. 17 f.

20 JubA 23, S. 115 (Euchel).

21 JubA 22, S. 1 (Göckingk, S. 148).

22 Schochat, S. 351 f.

23 Ebd., S. 372.

24 Ebd., S. 400.

25 Badt-Strauss, S. 7 f.

26 Heinrich Heine: Romanzero, Hebräische Melodien, Jehuda ben Halevy, in: Werke, Berlin und Darmstadt 1961, S. 392.

27 JubA 23, S. 12 («Nachruf» von F. Nicolai, 1786).

28 Brautbriefe, S. 37 (16. 6. 1761, jüdischdeutsch).

29 JubA 12,1, S. 75 (an Th. Abbt, 16. 2. 1765).

30 JubA 11, S. 180 (an G. E. Lessing, 27. 2. 1758).

31 JubA 3,2, S. 89 (*Morgenstunden*, XI).

32 Altmann, S. 37.

33 Brautbriefe, S. 110 (26. 1. 1762, jüdischdeutsch).

34 JubA 13, S. 11 (an J. G. Herder, 15. 3. 1781).
35 JubA 11, S. 11 (an A. E. Gumpertz, Ende Juni 1754).
36 «Göttingische Anzeigen von gelehrten Sachen», 70. Stück, den 13. Junius 1754, S. 621 f.
37 Lessing, Katalog, S. 41, Abdruck Theatralische Bibliothek.
38 JubA 11, S. 10 (an A. E. Gumpertz, Ende Juni 1754).
39 Badt-Strauss, S. 22.
40 Nicolai 5, S. 205.
41 JubA 1, S. 14 (*Gespräche*, 2. Gespräch).
42 «Göttingische Anzeigen von gelehrten Sachen», 118. Stück, den 2. Oct. 1755, S. 1107 f.
43 JubA 12,2, S. 7 (von Michaelis, 8. 3. 1771).
44 A. a. O., S. 10 (an Michaelis, 10. 4. 1771).
45 Katalog, S. 39 (F. Nicolai an J. P. Uz, 26. 3. 1759).
46 «Berlin-Chronik», http://www.berlinonline.de/berlin-chronik/.html/art1745-6html.
47 JubA 11, S. 2 (an Chr. N. Naumann, Anfang 1754).
48 Ebd.
49 Kayserling, S. 71.
50 JubA 11, S. 63 (von G. E. Lessing, 28. 4. 1758).
51 JubA 3,2, S. 186 (*An die Freunde Lessings*).
52 «Gefordert ist die Untersuchung des Systems von Pope, das in der Behauptung ‹Tout est bien› enthalten ist. Es geht darum: 1) den wahren Sinn dieser Behauptung in Übereinstimmung mit der Hypothese seines Autors zu bestimmen, 2) sie mit dem System des Optimismus oder der Wahl des Besten zu vergleichen, um genau die Beziehungen und die Unterschiede festzulegen, 3) die Gründe darzulegen, die man für die geeignetsten hält, dieses System zu begründen oder zu zerstören.»
53 JubA 11, 392 (Anmerkungen zu Nr. 10).
54 Ebd.
55 Katalog, S. 49 f. (Gleim an J. P. Uz, 1756).
56 JubA 12,1, S. 60 (an Th. Abbt, Ende August 1764).
57 Nicolai 6, S. 89.
58 Ebd., S. 94 f.
59 JubA 12,1, S. 74 (an Th. Abbt, 16. 2. 1765).
60 JubA 11, S. 55 (an G. E. Lessing, 2. 8. 1756).
61 *Betrachtungen über das Erhabene und das Naive in den schönen Wissenschaften*, «Bibliothek der schönen Wissenschaften und der freyen Künste», Zweyten Bandes zweytes Stück, Leipzig 1758, S. 243.
62 «Briefe, die Neueste Litteratur betreffend», XVII. den 24. April 1760, S. 261.
63 Ebd., S. 262.
64 Ebd., S. 270 f.
65 Kayserling, S. 135.
66 Berthold Auerbach: Wie der Weltweise Mendelssohn seine Frau gewann, in: Zur guten Stunde, Gesammelte Volkserzählungen, Bd. 1, Stuttgart 1872, S. 34.
67 Brautbriefe, S. 71 (25. 8. 1761, jüdischdeutsch).
68 *Betrachtungen*, S. 233.
69 Brautbriefe, S. 133 (27. 4. 1762, jüdischdeutsch).
70 A. a. O., S. 26 (2. 6. 1761, jüdischdeutsch).
71 A. a. O., S. 50 (7. 7. 1761, jüdischdeutsch).
72 A. a. O., S. 113 (23. 2. 1762, jüdischdeutsch).
73 Bruer, S. 154.
74 Brautbriefe, S. 114 (2. 3. 1762, jüdischdeutsch).
75 Friedrich Nicolai: Fortsetzung der Berlinischen Nachlese. Berlinische Monatsschrift. Dezember 1807, S. 350 f.
76 Dubnow VII, S. 305 f.
77 Nachlese, S. 347 f. (Anführungszeichen ergänzt).
78 Nicolai ist das genaue Datum

wegen seines Geburtstags in Erinnerung geblieben.

79 Brautbriefe, S. 125 (26. 3. 1762, jüdischdeutsch).

80 JubA 2, S. 271 f. (*Über die Evidenz*, Einleitung).

81 A. a. O., S. 317 (Vierter Abschnitt).

82 JubA 24, S. 367 (Vorwort zu «Prolegomena» 1783, S. 18).

83 Kayserling, S. 141.

84 JubA 11, S. 546 (an Nicolai, 7. 5. 1761).

85 *Abhandlung über die Evidenz in Metaphysischen Wissenschaften, welche den von der Königlichen Academie der Wissenschaften in Berlin auf das Jahr 1763. ausgesetzten Preis erhalten hat, von Moses Mendelsohn [sic] aus Berlin. Nebst noch einer Abhandlung über dieselbe Materie, welche die Academie nächst der ersten für die beste gehalten hat.* Berlin, bey Haude und Spener, Königl. und der Academie der Wissenschaften Buchhändlern, 1764.

86 Gottfried August Bürger, Leonore, 1773.

87 Kayserling, S. 147.

88 Knobloch, S. 166.

89 Meyer, S. 18.

90 Katalog, S. 50 (Friedrich Nicolai, Anekdoten von König Friedrich II von Preußen, und von einigen Personen, die um Ihn waren. 1. Heft, Berlin und Stettin 1788, S. 62–68).

91 JubA 12,1, S. 8 (an Friedrich II., April 1763).

92 Kayserling, S. 126.

93 Katalog, S. 51 (Nicolai, Anekdoten, S. 62–68).

94 JubA 22, S. 177.

95 JubA 12,1, S. 43 (an Th. Abbt, 1. 5. 1764).

96 A. a. O., S. 15 (an I. Iselin, 5. 7. 1763).

97 Bulletin 9/35, 1966, S. 278 (Theodor Zondek, Moses Mendelssohns Hypothekenbrief).

98 Altmann, S. 66.

99 Ebd., S. 158 f.

100 JubA 12,1, S. 112 (an Th. Abbt, 11. 6. 1766).

101 JubA 3,1, S. 114 (*Phädon*, Drittes Gespräch).

102 Wolfgang Hildesheimer: Mozart. Berlin (DDR) 1980, S. 227.

103 JubA 3,1, S. 14 (*Phädon*, Leben und Charakter des Sokrates).

104 Ebd., S. 15 f.

105 Badt-Strauss, S. 96 (Joseph Mendelssohn über seinen Vater).

106 Hermann Simon: Moses Mendelssohn, Gesetzestreuer Jude und deutscher Aufklärer. Berlin 2003, S. 34 f. (Joseph Mendelssohn über seinen Vater).

107 Jüdische Memoiren aus drei Jahrhunderten. Ausgew. und hg. von Hans Bach. Berlin 1936, S. 71 f.

108 Brautbriefe, S. 150 (Ehebrief, Juli 1773, jüdischdeutsch).

109 JubA 20,2, S. 153 (an R. Levi, Ende 1767, historische Umschrift des verlorenen, in hebräischen Buchstaben verfassten Originals).

110 Altmann, S. 163.

111 JubA 20,2, S. 156 (an R. Levi, Ende 1767, wie zuvor).

112 Léon Poliakov u. a.: Rassismus. Über Fremdenfeindlichkeit und Rassenwahn. Aus dem Franz. von Philipp Wolff-Windegg. Hamburg, Zürich 1991, S. 76–90.

113 JubA 12,1, S. 118 (an Th. Abbt, 22. 7. 1766).

114 Rawidowicz, S. XIII.

115 A. a. O., S. XII (Lavater an Breitinger, 18. 4. 1763).

116 Dubnow VIII, S. 63.

117 Rawidowicz, S. 363 (an Lavater, 15. 1. 1771).

118 A. a. O., S. 10 (*Schreiben an den Herrn Diaconus Lavater zu Zürich. Von Moses Mendelssohn*, 12. 12. 1769).

119 Ebd., S. 8.

120 A. a. O., S. 3 (J. C. Lavater: «Zueignungsschreiben», 25. 8. 1769).

121 A. a. O., S. 327 (Lavater an Lüdke, 10. 2. 1770).

122 A. a. O., S. 7 (*Schreiben*, 12. 12. 1769).

123 JubA 20,2, S. 209 (an Elkan Herz, 16. 11. 1770, jüdischdeutsch, Umschrift ergänzt).
124 Rawidowicz, S. XXIV.
125 A. a. O., S. 7 (*Schreiben*, 12. 12. 1769).
126 Ebd., S. 10.
127 Ebd., S. 14 f.
128 Ebd., S. 16.
129 A. a. O., S. XXXV.
130 A. a. O., S. 336 (an Lavater, 10. 3. 1770).
131 A. a. O., S. 341 (Nicolai an Lavater, 10. 3. 1770).
132 A. a. O., S. LXXIV (Lessing an Nicolai, 17. 5. 1770).
133 A. a. O., S. 55 (*Nacherinnerung*, 6. 4. 1770).
134 Hensel, Bd. I, S. 16.
135 Raymond Wolff: Das Judenporzellan, in: Der Bär von Berlin. Jahrbuch des Vereins für die Geschichte Berlins, hg. von Gerhard Kutzsch, 32. Folge, 1983, S. 80 f.
136 Rawidowicz, S. 41 (*Nacherinnerung*, 6. 4. 1770).
137 JubA 12,1, S. 231 f. (an Nicolai, 1. 10. 1770).
138 A. a. O., S. 241 (an I. Kant, 25. 12. 1770).
139 JubA 13, S. 334 (an Sophie Becker, 30. 12. 1785).
140 Rawidowicz, S. 370 (Lavater an Bonnet, 12. 2. 1771).
141 JubA 6,1, S. 177 (*Psychologische Betrachtungen auf Veranlassung einer von dem Herrn Oberkonsistorialrath Spalding an sich selbst gemachten Erfahrung*).
142 D[octor] M[arcus] E[lieser] Blochs «Medicinische Bemerkungen. Nebst einer Abhandlung vom Pyrmonter-Augenbrunnen». Berlin 1774, S. 60–71.
143 Dr. Aaron Brand-Auraban, der Gewährsmann des Biographen Alexander Altmann, vermutet eine paroxysmale supraventrikuläre Tachykardie. Dr. Channah Maayan vom Hadassah-Spital, Jerusalem, Israel, führt die Bewegungsunfähigkeit auf atonische Anfälle oder ein elektrolytisches Ungleichgewicht zurück, die beide im Zusammenhang mit Familiärer Dysautonomie stehen könnten, einem Leiden, für das Dr. Maayan Spezialistin ist. Familiäre Dysautonomie ist eine ausschließlich bei abendländischen Juden vorkommende Erbkrankheit, bei der die Verwachsung des Rückgrats fast immer in Erscheinung tritt und die, wie ihr Name besagt, Probleme bei der Steuerung des Nervensystems mit sich bringt.
144 JubA 22, S. 118 (F. Nicolai an I. Iselin, 23. 6. 1771).
145 JubA 10,1, S. 218 f. (*Die Psalmen*, Viertes Buch).
146 JubA 12,2, S. 6 (von J. G. Sulzer, 7. 2. 1771).
147 Badt-Strauss, S. 81.
148 JubA 13, S. 233 (an H. Homberg, 20. 11. 1784).
149 Altmann, S. 272.
150 JubA 24, S. 1 (J. G. Zimmermann: «Von der Diät für die Seele» – Hermannus Boerhaave war ein bedeutender Mediziner des frühen 18. Jahrhunderts).
151 Bruno Strauß: Moses Mendelssohn in Potsdam, am 30. September. Mit einem Essay von Eva J. Engel. Berlin 1994 (Erw. Nachdr. d. Ausg. v. Berlin 1929), S. 30 (C. F. Behm an Z. V. Ephraim, 30. 11. 1771).
152 A. a. O., S. 21 f. (Nicolai, Anekdoten, 3. Heft, S. 278).
153 JubA 22, S. 126 (Luise Ulrike an Gustav III., Februar 1772, französisch).
154 Rawidowicz, S. 337 (an Lavater, 10. 3. 1770).
155 JubA 12,2, S. 149 (an A. Hennings, 29. 7. 1779).
156 *Von des Herrn Capellan Rabens versprochener Uebersetzung der Mischna*. Briefe, die Neueste Litteratur betreffend, Fünf und dreyßigster Brief, XVII, den 26. April 1759, S. 257.
157 Rawidowicz, S. 279 (Schreiben

Mendelssohns im Zusammenhang mit einer Neufassung des «Judeneids».
158 Medicinische Bemerkungen, S. 68.
159 JubA 20,2 S. 227 (an die Jüdische Gemeinde Schwerin, 9. 6. 1772, hebräisch).
160 Altmann, S. 293; JubA 23, S. 261 (Reuven Michael über Isaak Euchel).
161 Altmann, S. 329.
162 JubA 20,2, S. 259 (an Fromet, 1. 8. 1773, jüdischdeutsch, Umschrift ergänzt).
163 A. a. O., S. 279 (von A. Levi, Dezember 1773, hebräisch).
164 A. a. O., S. 283 (an A. Levi, 13. 1. 1774, deutsch, hebr. Buchst.).
165 JubA 24, S. 179 (*Anmerkungen zu Abbts freundschaftlicher Korrespondenz*, 1782).
166 JubA 23, S. 39–42. (Karl Philipp Moritz, Ueber Moses Mendelssohn, 1786).
167 Badt-Strauss, S. 195 f. (an Lavater, 14. 4. 1775).
168 Sorkin, S. 81.
169 Mendelssohn hatte bereits 1770 (während der Lavater-Kontroverse) einen hebräischen Kommentar zum «Prediger», *Sefer Megillat Kohelet 'im Biur*, veröffentlicht.
170 JubA 12,2, S. 159 (an A. Hennings, 29. 7. 1779).
171 JubA 13, S. 15 (an A. Hennings, 8. 5. 1781).
172 JubA 20,2, S. 386 (von Dubno, 22. 9. 1780, hebräisch).
173 Sorkin, S. 106 (*Bibelkommentar*, 2. Buch Moses, 31:18, hebräisch).
174 Ebd., S. 107.
175 JubA 12,2, S. 148 (an A. Hennings, 29. 6. 1779).
176 A. a. O., S. 152 (an A. Hennings, 13. 7. 1779).
177 Sorkin, S. 120 f.
178 JubA 8, S. 4 (*Vorrede* zu «Rettung der Juden»).
179 Badt-Strauss, S. 90 f. (zitiert nach Kayserling).
180 Kayserling, S. 257.
181 Dubnow VIII, S. 24 f. (Bericht von August Lewald).
182 Kayserling, S. 272 f.
183 JubA 12,2, S. 102 (an F. W. v. Ferber, 19. 11. 1777).
184 A. a. O., S. 98 (an G. E. Lessing, 11. 11. 1777).
185 JubA 8, S. 21 (*Vorrede* zu «Rettung der Juden»).
186 Kayserling, S. 265.
187 JubA 13, S. 7 (an Karl Gotthelf Lessing, Februar 1781).
188 Rawidowicz, S. 111.
189 Knobloch, S. 265 (Leserbrief im «Theater-Journal für Deutschland», 22. 8. 1777).
190 Maimon, S. 153 f.
191 JubA 12,2, S. 200 (an P. A. Winkopp, 28. 7. 1780).
192 Dubnow, Band VIII, S. 50.
193 JubA 13, S. 316 (an L. v. Hirschen, 19. 10. 1785).
194 JubA 8, S. 4 f. (*Vorrede* zu «Rettung der Juden»).
195 Rawidowicz, S. CLXVII (J. K. Lavater, «Bin ich ein Jude?»).
196 Christian Conrad Wilhelm Dohm: Über die Bürgerliche Verbesserung der Juden. Nachdr. d. Ausg. Berlin u. Stettin 1781–83, Olms 1973, Zweyter Theil, Anmerkungen über [die Michaelis-Kritik] von Hrn. Moses Mendelssohn, S. 75 f.
197 JubA 8, S. 5 f. (*Vorrede* zu «Rettung der Juden»).
198 Ebd., S. 13.
199 Ebd., S. 24 f.
200 Feiner, S. 88.
201 Altmann, S. 482.
202 JubA 13, S. 34 (an D. Friedländer, 17. 4. 1782).
203 Feiner, S. 151 f. (Mitte Mai 1782).
204 Ebd., S. 397 (Fußnote 32).
205 Ebd., S. 85.
206 Ebd., S. 193.
207 Ebd., S. 263.
208 JubA 10,1, S. 213 (*Die Psalmen*, Viertes Buch).
209 JubA 8, S. 103 (*Jerusalem*, Erster Abschnitt).

210 Ebd., S. 119.
211 Ebd., S. 120.
212 Ebd., S. 126 f.
213 Ebd., S. 127.
214 Ebd., S. 128.
215 Ebd., S. 130.
216 Ebd., S. 140.
217 A. a. O., S. 153 (*Jerusalem*, Zweiter Abschnitt).
218 Ebd., S. 154.
219 Ebd., S. 160.
220 Ebd., S. 163.
221 Ebd., S. 164.
222 Ebd., S. 156.
223 Ebd., S. 166.
224 Ebd., S. 193.
225 Ebd., S. 169.
226 Ebd., S. 177.
227 Ebd., S. 183.
228 Ebd., S. 184.
229 Ebd., S. 183.
230 Ebd., S. 199 f.
231 Ebd., S. 203.
232 Ebd.
233 Ebd., S. 204.
234 Ebd., S. 184.
235 Feiner, S. 173.
236 JubA 13, S. 179 (an H. Homberg, 1. 3. 1784).
237 Johann Georg Hamann: Golgatha und Scheblimini! Von einem Prediger in der Wüsten. Hamman's Schriften, hg. von F. Roth, Bd. 7, Leipzig 1825, S. 16 (Erstdruck 1784).
238 Berlinische Monatsschrift, Erstes Stük, Januar 1784, S. 24–41.
239 Ebd., S. 41.
240 JubA 13, S. 129.
241 Bruer, S. 182.
242 Ebd., S. 116.
243 JubA 13, S. 112 f. (an H. Homberg, 14. 6. 1783).
244 Berlinische Monatsschrift, Neuntes Stük, September 1784, S. 193–200.
245 Ebd., S. 199.
246 JubA 23, S. 39 (Karl Philipp Moritz, Ueber Moses Mendelssohn, 1786).
247 A. a. O., S. 386 f. (David Friedländer, Fragmente, 1818).
248 JubA 13, S. 122 (Jacobi an E. Reimarus, 21. 7. 1783, Beilage).
249 Altmann, S. 733 f.
250 Jacobi, S. 124.
251 Ebd., S. 118.
252 JubA 13, S. 153 (von F. H. Jacobi, 4. 11. 1783).
253 A. a. O., S. 269 (von F. H. Jacobi, 18. 02. 1785).
254 A. a. O., S. 296 (von F. H. Jacobi, 2. 10. 1785).
255 Altmann, S. 604.
256 JubA 13, S. 168 (an E. Reimarus, 5. 1. 1784).
257 JubA 3,2, S. 4 (*Morgenstunden*, Vorbericht).
258 Ebd., S. 3.
259 A. a. O., S. 123 (*Morgenstunden*, XIV).
260 A. a. O., S. 129 f. (*Morgenstunden*, XV).
261 JubA 13, S. 308 f. (an F. H. Jacobi, 4. 10. 1785).
262 Jacobi, S. 128.
263 F. H. Jacobi: Ueber drei von ihm bei Gelegenheit des Stolbergischen Uebertritts zur Römisch-Katholischen Kirche geschriebenen Briefe, und die unverantwortliche Gemeinmachung derselben in den Neuen Theologischen Annalen. Der neue Teutsche Merkur, 1802, 3. Bd., S. 161–171.
264 JubA 13, S. 320 (an E. Reimarus, 21. 10. 1785).
265 A. a. O., S. 312 f. (an I. Kant, 16. 10. 1785).
266 Altmann, S. 706.
267 Kayserling, S. 456.
268 JubA 22, S. 281 (Herder an Hamann, 2. 1. 1786).
269 A. a. O., S. 280 (Goethe an Jacobi, 1. 12. 1785).
270 Kayserling, S. 461.
271 JubA 3,2, S. 187 (*An die Freunde Lessings*).
272 Ebd., S. 217 f. («aus dem […] engelreinen Munde» statt, original, «Lunde»).
273 Ebd., S. 182 f. (M. Herz an

J. J. Engel, Beigabe zu *An die Freunde Lessings*).
274 Karl Wilhelm Ramler: Sulamith und Eusebia, eine Trauerkantate auf den Tod Moses Mendelssohns. Berlinische Monatsschrift, 1786, Sechstes Stük, Junius, S. 481–489.
275 Altmann, S. 754.
276 Feiner, S. 219.
277 JubA 22, S. 282 (Königlich-privilegirte Berlinische Zeitung, 24. 1. 1786).
278 Jacobi, S. 337 (an J. Hamann, 21. 2. 1786).
279 Maimon, S. 166.
280 Bruer, S. 189.
281 Ebd., S. 383.
282 JubA 13, S. 221 f. (an J. G. Zimmermann, 1. 9. 1784).
283 Knobloch, S. 174.
284 Michael Zajonz: Steinerne Zeugen, Geschichtsmeile Jägerstraße: Ein Erinnerungsparcours würdigt die Familie Mendelssohn. Der Tagesspiegel, Berlin, 9. 3. 2004, S. 25.
285 Meyer, S. 97.
286 Bruer, S. 433 (Fußnote 1).
287 Kurzbiographie von Sebastian Panwitz, www.panwitz.net/person/mendel/nathan.htm.
288 Meyer S. 165.

ZEITTAFEL

1729 Geburt in Dessau am 6. 9. Sohn von Menachem «Mendel» Chaim und Rachel Sara Wahl.
1737 Geburt von Fromet Gugenheim am 6. 10. in Hamburg.
1743 M. reist im Herbst seinem Lehrer David Fränkel nach, der in Berlin Oberrabbiner wird. Bettelstudent an der Talmudakademie. Weltliche Studien.
1746 Freundschaft mit Aaron Gumpertz, der ihm u. a. Französisch und Englisch beibringt. Philosophische Studien.
1750 Hauslehrer beim Seidenhändler Isaak Bernhard.
1754 Buchhalter in I. Bernhards 1752 gegründeter Seidenfabrik. Freundschaft mit Lessing. Lessing veröffentlicht M.s private Michaelis-Kritik.
1755 *Philosophische Gespräche. Pope ein Metaphysiker!* (mit Lessing). Freundschaft mit Friedrich Nicolai.
1756 *Rousseau-Übersetzung.* Tod der Mutter Rachel Sara (11. 4.).
1757 Kritiken für Nicolais «Bibliothek der schönen Wissenschaften» (bis 1759).
1758 Spätestes Erscheinungsdatum von *Kohelet Mussar* (Der Moralprediger).
1759 Beginn der Kritiken für die «Litteraturbriefe».
1760 Kritik der Gedichte von Friedrich II. (24. 4.).
1761 Verlobung mit Fromet Gugenheim. Beförderung zum geschäftsführenden Direktor. Freundschaft mit Thomas Abbt. Erste nachweisliche Verwendung des Namens «Mendelssohn» (7. 5.).
1762 Hochzeit mit Fromet Gugenheim (22. 6).
1763 *Friedenspredigt* für die Jüdische Gemeinde, Befreiung von Gemeindeabgaben. 1. Preis der Akademie. Privileg als außerordentlicher Schutzjude. Geburt (29. 5.) der Tochter Sara (gest. 15. 4. 1764).
1764 Geburt (24. 10.) der Tochter Brendel (später Dorothea).
1765 Anzahlung auf die Spandauer Straße 68. Hebräischer Maimonides-Kommentar.
1766 Geburt (19. 2.) des Sohnes Chaim (gest. 3. 4.). Lebensgefährliche Erkrankung von Fromet. Tod des Vaters Mendel Chaim (10. 5.). Tod des Freundes Abbt (3. 11.).
1767 *Phaedon oder über die Unsterblichkeit der Seele.* Geburt (18. 7.) der Tochter Recha. Briefwechsel mit Raphael Levi.
1768 Tod von Isaak Bernhard (21. 4.). M. übernimmt Betriebsleitung.
1769 Geburt (Januar) des Sohnes Mendel Abraham (gest. September 1775). *Ha-Nefesch* (Die Seele). Oktober: Öffentliche Aufforderung Lavaters zum Religionsdisput.
1770 Lavater-Streit. Geburt (8. 8.) des Sohnes Joseph. Beginn der *Psalmen*-Übersetzung. Bekanntschaft mit Marcus Herz.
1771 Im Februar als Mitglied für die Akademie vorgeschlagen, im September auf königliche Anweisung abgelehnt. März / April: Psychophysischer Zusammenbruch. Am 30. 9. auf königlichen Befehl nach Potsdam. Bekanntschaft mit David Friedländer.
1772 Vermittlung im «Begräbnis-Streit» von Mecklenburg-Schwerin.
1773 Bekanntschaft mit August Hennings. Erste Kur in Bad Pyrmont.
1774 Zweite Kur in Bad Pyrmont. Beginn der Vorarbeiten zu den *Friedenspfaden* (Pentateuchübersetzung).

1775 Fürsprache bei drohender Vertreibung der Deutschschweizer Juden durch Brief an Lavater. Geburt (23. / 24. 8.) der Tochter Jente (später Henriette).

1776 Reise nach Dresden. Geburt (10. 12.) des Sohnes Abraham.

1777 Reise nach Memel (Sommer). Begegnung mit Immanuel Kant in Königsberg. Reise nach Hannover. Sicherung des Bleiberechts für unbemittelte Dresdener Juden (19. 11.). Letzter Besuch bei Lessing (Dezember).

1778 Gründung der «Jüdischen Freischule für Knaben». *Prospekt der Bibelübersetzung. Ritualgesetze der Juden.* Geburt (8. 6.) der Tochter Sisa (gest. 15. 9.).

1779 Salomon Maimon wird von M. empfangen und gefördert.

1780 Cerf-Berr wendet sich an M. Beginn der Zusammenarbeit mit Dohm. *Erstes Buch* der *Friedenspfade.*

1781 Tod Lessings (15. 2.). Ankündigung der «Toleranzedikte» durch Joseph II. «Ueber die bürgerliche Verbesserung der Juden» von C. W. Dohm. Tod der Witwe von Isaak Bernhard, M. wird Teilhaber. *Zweites* und *Drittes Buch* der *Friedenspfade.*

1782 *Vorrede* zur «Rettung der Juden». Neuformulierung des *Judeneids.* Wessely-Konflikt. Geburt (7. 1.) des Sohnes Nathan. *Viertes Buch* der *Friedenspfade.*

1783 *Jerusalem oder über religiöse Macht und Judenthum. Fünftes Buch* der *Friedenspfade. Psalmen.* Brendel / Dorothea heiratet Simon Veit.

1784 *Ueber die Frage: was heißt aufklären.*

1785 Recha heiratet Mendel Meyer. *Morgenstunden oder Vorlesungen über das Daseyn Gottes.* Pantheismusstreit.

1786 Tod Mendelssohns (4. 1.). *An die Freunde Lessings* erscheint postum.

1812 Tod Fromets in Hamburg (16. 3.).

Zeugnisse

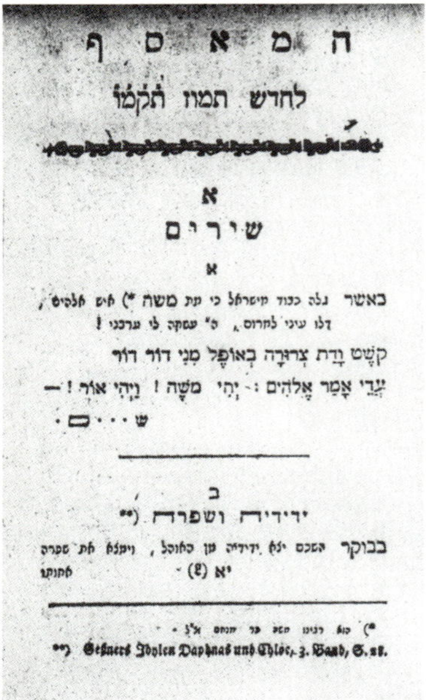
המאסף

לחדש תמוז תקמ״ו

א

שירים

א

קֹשֶׁט וְדָת צְרוּרָה בְּאוֹפֶל מִנֵּי דוֹר דוֹר

עֲדֵי אָמַר אֱלֹהִים: יְהִי מֹשֶׁה! וַיְהִי אוֹר! —

ש···ם·

ב

ידידיה ושפרה (**

**) Geßners Idylen Daphnas und Chloe, 3. Band, S. 28.

Sch . . .m.
«Koschet ve-dat tserura be-ofel mini dor dor
Ade amar Elohim: yehi Mosche! va-yehi or!»
Wahrheit und Religion lagen versteckt in finstrer Nacht
Gott sprach: Es werde Moses! Und es ward Licht!
«Moses Mendelssohn seligen Angedenkens betreffend», Hame'asef (Der Sammler), Tamus 5546 (Juni 1786)

Salomon Maimon
Es ist schwer zu bestimmen, ob Mendelssohn mehr Scharfsinn oder Tiefsinn besessen. Diese beiden Vermögen fanden sich in ihm in einem sehr hohen Grade vereinigt. Seine Genauigkeit im Definieren und Einteilen, seine Distinktionen usw. sind Beweise des ersten, und seine tiefsinnigen philosophischen Abhandlungen liefern Beweise des zweiten Talents.
Lebensgeschichte, 1792

Dr. F. L. Schönemann
Einen Beweis, daß ungefähr in den letzten 15 Jahren nicht nur die Anzahl der einzelnen Selbstdenker [Aufklärer] unter uns sich vermehrt, sondern auch die Denkart der gesammten Nazion eine sehr vortheilhafte Umstimmung erlitten hat, giebt der Werth, welchen itzt selbst die devotesten unter uns auf des unsterblichen Mendelssohns Uebersetzung der Bücher Moses und der Psalmen legen. Als diese zuerst erschien, scheute sich, so zu sagen, der größte Theil der Nazion sie im Hause zu dulden [...]. Und itzt wird sie so sehr geschätzt, daß vielleicht nur ihre Kostbarkeit Ursache ist warum sie nicht jeder jüdische Hausvater besitzt.
«An die Hrn. Verfasser des Sendschreibens an Hrn. O. K. Rath Teller», Berlinische Monatsschrift, Juni 1800

Heinrich Heine
Dieser Mann, den seine Zeitgenossen den deutschen Sokrates nannten und wegen seines Seelenadels und seiner Geisteskraft so ehrfurchtsvoll bewunderten, war der Sohn eines armen Küsters der Synagoge zu Dessau. Außer diesem Geburtsübel hatte ihn die Vorsehung auch noch mit einem Buckel belastet, gleichsam um dem Pöbel in recht greller Weise die Lehre zu geben, daß man den Menschen nicht nach seiner äußeren Erscheinung, sondern nach seinem inneren Werte schätzen solle. Oder hat ihm die Vorsehung eben aus gütiger Vorsicht einen Buckel zugeteilt, damit er manche Unbill des Pöbels einem Uebel zuschreibe, worüber ein Weiser sich leicht trösten kann?
Zur Geschichte der Religion und Philosophie in Deutschland, 1834/52

Salomon Ludwig Steinheim
M. Mendelssohn hat gewissermaßen ein geistiges Doppelleben bei innerer Einheit des Gedankens durchlebt. Er lebte mit seinen Glaubensgenossen eben so verbunden als er außerhalb ihrer Gemeinschaft mit den Weisen der Welt sich vereinigt fühlte. [...] Mendelssohn war mithin mit dem Verstande Heide, mit dem Leibe Israelit, ungefähr wie sein Gegner (oder Feind – denn in den Streitschriften gegen Mendelssohn guckt fast an allen Ecken die Misere des Judenhasses durch –) F. H. Jacobi von sich selbst behauptet hat, daß er mit dem Verstande ein Heide, mit dem Herzen ein Christ sei.
Moses Mendelssohn und seine Schule, Hamburg 1840

Heinrich Graetz
[Die] Verjüngung oder Wiedergeburt des jüdischen Stammes, die man mit Fug und Recht als von Mendelssohn ausgegangen ansehen kann, hat das Charakteristische, daß der Urheber dieses großen Werkes es nicht beabsichtigt hat [...]. Er weckte unwillkürlich die schlummernde Begabung des jüdischen Stammes, die nur eines Anstoßes bedurfte, um aus dem gebundenen Zustande herauszutreten und sich zu entfalten.
Volkstümliche Geschichte der Juden, 1888–91

Hermann Cohen
Ein deutscher Mann war Moses Mendelssohn, ein deutscher Denker, ein deutscher Schriftsteller, der echte ebenbürtige Freund des großen Lessing. Und aus seinem deutschen Gemüt heraus hat Mendelssohn, ein anderer Luther, unseren Pentateuch übersetzt und durch den Zugang zur deutschen Sprache uns den Eintritt in die deutsche Kulturwelt vermittelt.
«Du sollst nicht einhergehen als ein Verleumder. Ein Appell an die Juden Amerikas», New Yorker Staatszeitung, 24. Juni 1915

Simon Dubnow
Ausschlaggebend für [Mendelssohns] Religionsphilosophie war nicht die theoretische Analyse, sondern der ethische Imperativ. Darum übte auch das ihm eigene sittliche Pathos, seine tief wurzelnde Humanität, sein ständiger Appell an das menschliche Herz einen so unwiderstehlichen Zauber aus.
Weltgeschichte des jüdischen Volkes, Berlin 1928

Leo Baeck
Die Juden in Zentraleuropa – und das bedeutet vor allem in Deutschland – waren durch das 18. Jahrhundert vor eine ganz neue Aufgabe gestellt, und es ist die große Leistung Moses Mendelssohns, daß er diese Aufgabe begriffen und zum Erbe derer, die nach ihm kamen, gemacht hat. [...] Zum Verständnis seiner selbst war Mendelssohn gelangt. Und zum Verständnis ihrer selbst wollte er die Juden seiner Zeit führen. Das ist die Aufgabe, die er vollbracht hat. Ohne ihn ist das Judentum auch unserer Tage und von Tagen, die kommen werden, nicht zu denken. Von Moses Mendelssohn kommt eine neue Zeit her.
«Moses Mendelssohn», Franz Delitzsch-Vorlesung, Münster 1956

Alfred A. Bruer
[Mendelssohns] Bedeutung für das Judentum seiner Zeit und die folgenden Generationen kann gar nicht hoch genug veranschlagt werden.
Geschichte der Juden in Preußen (1750–1820), Frankfurt a. M./New York 1991

Bibliographie

Meyer, Hermann M. Z.: Moses Mendelssohn Bibliographie. Mit einigen Ergänzungen zur Geistesgeschichte des ausgehenden 18. Jahrhunderts. Mit e. Einf. von Hans Herzfeld. Berlin 1965.
Die maßgebliche Gesamtzusammenstellung aller bis dahin bekannten Werk- und Einzelausgaben, Biographien, Mendelssohn-Artikel, -Briefe, -Abbildungen und Sekundärliteraturen, die Hermann M. Z. Meyer 1965 anhand seiner eigenen einzigartigen Sammlung (die er später der Staatsbibliothek zu Berlin – Preußischer Kulturbesitz überließ) verfertigt hat.

Albrecht, Michael: Moses Mendelssohn. Ein Forschungsbericht, 1965–1980. Deutsche Vierteljahrsschrift für Literaturwissenschaft und Geistesgeschichte LVII (1983), S. 64–159.
Eine sachkundig kommentierte Zusammenstellung der neueren Mendelssohn-Literatur bis 1980, mit Hinweisen zur zweckmäßigen Benutzung der Bibliographie von Hermann M. Z. Meyer.

http://www.uni-stuttgart.de/ndl1/mendelssohn.htm
Von Mathias Müller erstellte, weiterführende «Bibliographie der Sekundärliteratur zu Moses Mendelssohn (Jan. 1970 – Jan. 1995)».

Gesamtausgaben

Gesammelte Schriften. Hg. von Georg Benjamin Mendelssohn. In 7 vielmehr 8 Bänden. Leipzig 1843–1845, F. A. Brockhaus. Von Joseph Mendelssohn und dessen Neffen Felix initiiert, von Joseph Mendelssohns jüngerem Sohn Benjamin herausgegeben.

Gesammelte Schriften, Jubiläumsausgabe. Begonnen von I. Elbogen, J. Guttmann, E. Mittwoch, Berlin 1929–1938, neu aufgelegt u. fortgesetzt von A. Altmann, E. J. Engel, in Gemeinschaft mit F. Bamberger, H. Borodianski (Bar-Dayan), S. Rawidowicz, B. Strauss, L. Strauss, W. Weinberg, Stuttgart-Bad Cannstatt 1971 f., Friedrich Fromann Verlag, Günther Holzboog.
Die 1929 begonnene, bis heute fortgesetzte, maßgebliche Mendelssohn-Ausgabe, die auch für diese Biographie zurate gezogen wurde.

Einzelausgaben

Schriften zur Philosophie, Aesthetik und Apologetik. Mit Einleitungen, Anmerkungen und einer biographisch-historischen Charakteristik Mendelssohn's, hg. von Dr. Moritz Brasch. Erster u. zweiter Band, Breslau 1892, Wilh. Jacobsohn & Co. Eine übersichtliche zweibändige Zusammenstellung der wichtigsten Schriften.

Brautbriefe. Mit einer Einf. von Ismar Elbogen. Königstein / Ts. 1985, Jüdischer Verlag bei Athenäum Verlag.
Ein Nachdruck der Erstausgabe von 1936, die in der Umschrift von Ch. Borodianski das jüdischdeutsche Original besonders gut vermittelt.

Schriften zum Judentum I. Bearb. von Simon Rawidowicz, Berlin 1930, Akademie-Verlag.
Enthält eine genau dokumentierte, ausführlich erläuterte Darstellung des Lavater-Streits.

Die Psalmen. Übertragen von Moses Mendelssohn, hg. von Walter Pape, mit einem Nachwort von Walter Pape u. Gideon Toury, Zürich 1998, Diogenes Verlag.
Handliche, sorgfältig editierte Taschenbuchausgabe.

Die Tora nach der Übersetzung von Moses Mendelssohn. Von Anette

Böckler mit einem Vorwort von Tovia Ben-Chorin, Berlin 2001, Jüdische Verlagsanstalt.
Eine für den aktuellen gottesdienstlichen Gebrauch der liberalen jüdischen Gemeinde neu eingerichtete Fassung von Mendelssohns Pentateuchübersetzung.

Phädon oder über die Unsterblichkeit der Seele. Nachdruck des Textes der Jubiläumsausgabe. Mit einem Nachwort hg. von Dominique Bourel, mit einer Einl. von Nathan Rothenstreich. Hamburg 1979, Felix Meiner Verlag.

Jerusalem oder über religiöse Macht und Judentum. Mit dem Vorwort zu Manasse ben Israels «Rettung der Juden» und dem Entwurf zu *Jerusalem* sowie einer Einleitung etc. hg. von Michael Albrecht. Hamburg 2005, Felix Meiner Verlag.

Phädon im Internet: http://gutenberg.spiegel.de/mendelss/phaedon/phaedon.htm

Biographien

Die wichtigsten biographischen Studien der Frühzeit – darunter die hebräische Biographie von Isaak Euchel von 1788 – sind in Band 23 der Jubiläumsausgabe zusammengestellt und erschlossen.

Dr. Kayserling, M[oritz, auch Mayer]: Moses Mendelssohn, sein Leben und seine Werke. Nebst einem Anhange ungedruckter Briefe von und an Moses Mendelssohn. Leipzig 1862.
Auch wenn Kayserlings Biographie in manchen Details nicht dem neuesten Erkenntnisstand entspricht, eine wunderbar lebendig geschriebene, mit viel Sachkunde und Einfühlungsvermögen verfasste Darstellung des großen Philosophen.

Altmann, Alexander: Moses Mendelssohn. A Biographical Study. London 1973.
Bis heute «die» Mendelssohn-Biographie schlechthin. Das Leben Mendelssohns wird auf über 750 Druckseiten mit genauer Quellenkenntnis, sicherem Zugriff auch auf entlegene Schriften und Briefe und souveräner Beherrschung von dessen Geisteswelt und äußeren Umständen nachgezeichnet. Sie hat für den deutschen Leser den Nachteil, dass er sich die von Altmann mit viel Mühe ins Englische übertragenen Quellen wieder rückübersetzen muss und dass man – unabhängig von der Sprache – zuweilen vor lauter Einzelheiten den Überblick verliert. Dem ernsthaften Leser wird empfohlen, sie gemeinsam mit einer allgemeinen Untersuchung wie der «Geschichte der Juden in Preußen» von Albert A. Bruer und Spezialwerken zur Geschichte der jüdischen Aufklärung (vgl. «Sekundärliteratur») zu studieren.

Knobloch, Heinz: Herr Moses in Berlin. Ein Menschenfreund in Preußen. Das Leben des Moses Mendelssohn. Berlin 1979.
Die Annäherung eines begnadeten Feuilletonisten im Berlin der DDR an einen ihm unbekannten Denker auf knapp 450 reich illustrierten Druckseiten. Mit vielen spannenden Nebenwegen und sonst kaum beachteten Einzelheiten der Mendelssohn-Biographie.

Schoeps, Julius: Moses Mendelssohn. Königstein 1979.
Die Mendelssohn-Biographie des Leiters des Moses Mendelssohn Zentrums, Potsdam.

Forester, Vera: Lessing und Moses Mendelssohn. Geschichte einer Freundschaft. Hamburg 2001.
Eine frei erzählte Doppelbiographie.

Simon, Hermann: Moses Mendelssohn. Gesetzestreuer Jude und deutscher Aufklärer. Teetz 2003.
Die wichtigsten Zitate und Lebens-

daten Mendelssohns auf gut fünfzig illustrierten Miniaturdruckseiten.
Bourel, Dominique: Moses Mendelssohn et la Naissance du judaïsme moderne [M. M. und die Entstehung des modernen Judentums], Paris 2004.
Eine neue 460-seitige Lebensdarstellung durch einen ausgewiesenen Mendelssohn-Kenner, mit aktuellem, 120-seitigem Sekundärliteratur-Verzeichnis.
Feiner, Shmuel: Moshe Mendelssohn. Jerusalem 2005.
Eine populär angelegte hebräische Lebensdarstellung auf knapp 180 Seiten durch den Verfasser eines Standardwerks über die jüdische Aufklärung.

Lebenszeugnisse

Moses Mendelssohn. Der Mensch und das Werk. Zeugnisse, Gespräche, hg. von Bertha Badt-Strauss. Berlin 1929.
Eine auf der Sammlung von Hermann M. Z. Meyer basierende Auswahl von Lebenszeugnissen, Briefen und Werkausschnitten.
Moses Mendelssohn. Selbstzeugnisse. Ein Plädoyer für Gewissensfreiheit und Toleranz, hg. von Martin Pfeideler. Tübingen und Basel 1979.
Albrecht, Michael: Moses Mendelssohn (1729–1786). Das Lebenswerk eines jüdischen Denkers der deutschen Aufklärung. Weinheim 1986.
Der umfang- und informationsreiche, bebilderte Katalog zur Jubiläumsausstellung der Herzog August Bibliothek Wolfenbüttel.
Albrecht, Michael: Entlegene zeitgenössische Texte zu Moses Mendelssohns Leben und Wirken. Band 22 der Jubiläumsausgabe. Stuttgart-Bad Cannstatt 1995.
Eine Zusammenstellung wichtiger Sekundärtexte: Briefe Dritter, Tagebuchauszüge, Kritiken, Anekdoten.
Porstmann, Gisbert: Moses Mendelssohn. Porträts und Bilddokumente. Band 24 der Jubiläumsausgabe. Stuttgart-Bad Cannstatt 1997.
Eine bebilderte Zusammenstellung von fast allem, was in Bezug auf Moses Mendelssohn gemalt, gedruckt, gezeichnet, gewebt, gestickt, modelliert, gemeißelt und getöpfert worden ist – samt Porträts und Kurzbiographien der Personen seines Umfelds.

Familiengeschichte

Die Familie Mendelssohn, 1729–1847. Nach Briefen und Tagebüchern hg. von Sebastian Hensel. Bd. I & II. Leipzig 1924.
Ein Rückblick auf die Familiengeschichte durch den Urenkel Sebastian Hensel (Sohn von Fanny Hensel, der Schwester von Felix Mendelssohn).
Kupferberg, Herbert: Die Mendelssohns. Aus dem Amerikanischen von Klaus Leonhardt. Stuttgart 1972.
Gut lesbare Darstellung der Familiengeschichte, in Details vom neuesten Erkenntnisstand abweichend.
Klein, Hans-Günter: Die Familie Mendelssohn. Stammbaum von Moses Mendelssohn bis zur siebenten Generation; zusammengestellt auf der Grundlage der Erhebungen von Richard Wolff. Berlin 2004.
Lackmann, Thomas: Das Glück der Mendelssohns. Geschichte einer deutschen Familie. Berlin 2005.
Eine neue, ausführliche Familiengeschichte, verfasst von einem Mendelssohn-Nachfahren mit Zugang zum Familienarchiv.

Sekundärliteratur

Allgemein

Nicolai, Friedrich: Beschreibung der königlichen Residenzstädte Berlin und Potsdam. Sämtliche Werke, Briefe, Dokumente, kritische Ausgabe mit Kommentar, hg. von P. M. Mitchell, Bd. 8. Berlin 1995.
Eine kundige, flüssig geschriebene Zusammenstellung sämtlicher Informationen, auf die ein damaliger Reisender angewiesen war (von Gasthauspreisen über Stadtrundgänge und Gottesdienste bis zu Zollbestimmungen und Wechselkursen), die einem heutigen Leser eine Zeitreise in Mendelssohns Berlin ermöglicht.

Maimon, Salomon: Lebensgeschichte. Von ihm selbst erzählt und herausgegeben von Karl Philipp Moritz. Neu hg. von Zwi Batscha. Frankfurt a. M. 1984 (Erstausgabe im Internet beim «Göttinger DigitalisierungsZentrum»).
Die Lebensumstände eines unbemittelten, geistig interessierten Juden im 18. Jahrhundert, der sowohl Mendelssohn wie einem der Begründer des Chassidismus begegnet ist.

Zur jüdischen Geschichte des 18. Jahrhunderts

Graetz, Heinrich: Volkstümliche Geschichte der Juden. Entst. 1891, mehrere Nachdrucke und Neuauflagen, Letzter Band, «Die Epoche der Widergeburt».
Ein Abriss vom Schöpfer der modernen jüdischen Geschichtsschreibung.

Dubnow, Simon: Weltgeschichte des jüdischen Volkes. Von seinen Uranfängen bis zur Gegenwart. In zehn Bänden. Autorisierte Übersetzung a. d. russischen Manuskript von Dr. A. Steinberg, Berlin 1928, Band VII / VIII.
Eine detaillierte und kenntnisreiche Gesamtdarstellung; der Verfasser wurde 1941, mit über achtzig Jahren, in Riga als Jude von den Nazis ermordet.

Bruer, Albert A.: Die Geschichte der Juden in Preußen (1750–1820). Frankfurt a. M. / New York 1991.
Die Aufarbeitung der wichtigsten Daten und Fakten der Wirtschafts-, Politik- und Geistesgeschichte der angegebenen Epoche und Sphäre zu einem anschaulichen Gesamtbild, mit eigenem Mendelssohn-Kapitel.

Zur jüdischen Aufklärung

Feiner, Shmuel: The Jewish Enlightenment. Aus dem Hebräischen von Chaya Naor. Pennsylvania 2004.
Eine umfassende Schilderung des Ablaufs, der Betreiber und Gegner der «jüdischen Aufklärung».

Katz, Jakob: Out of the Ghetto. The Social Background of Jewish Emancipation, 1770–1870. Cambridge, Massachusetts 1973.
Die jüdische Emanzipation in soziologischer Sicht.

Meyer, Michael A.: Von Moses Mendelssohn zu Leopold Zunz: jüdische Identität in Deutschland 1749–1824. Aus dem Englischen übers. von Ernst-Peter Wieckenberg. München 1994.
Eine elegante und exakte Aufarbeitung des Sachgegenstands.

Schochat, Asriel: Der Ursprung der jüdischen Aufklärung in Deutschland. Aus dem Hebräischen von Wolfgang Jeremias, mit einem Vorwort von Michael Graetz. Frankfurt a. M. / New York 2000.
Ein faktenreiches Fachbuch.

Schulte, Christoph: Die jüdische Aufklärung. München 2002.
Eine Darstellung unterschiedlicher Aspekte der wichtigsten Protagonisten, die auch auf das besondere

Verhältnis zwischen jüdischen Aufklärern und ihren deutsch-lutherischen Kollegen eingeht.
Sorkin, David: Moses Mendelssohn und die theologische Aufklärung. Aus dem Englischen von Peter van Suntum. Wien 1999.
Die kenntnisreiche Darstellung des manchmal zu wenig beachteten hebräisch-jüdischen Denkers und Autors Moses Mendelssohn.

Zu Mendelssohns Philosophie

Hilfrich, Carola: Lebendige Schrift. Repräsentation und Idolatrie in Moses Mendelssohns Philosophie und Exegese des Judentums. München 2000.
Die Annäherung an einen zentralen Einzelaspekt von Mendelssohns Denken mit den Mitteln und der Begrifflichkeit moderner Philosophie.
Vogt, Wolfgang: Moses Mendelssohns Beschreibung der Wirklichkeit menschlichen Erkennens. Würzburg 2005.
Der Versuch, Mendelssohns Denken gesamthaft zu erfassen und als eigenständigen Beitrag in die deutsche Philosophie-Geschichte einzuordnen.

Zusatzhinweise

Heine, Heinrich: Zur Geschichte der Religion und Philosophie in Deutschland. (In: «Der Salon, Bd. 1», und im Internet auf dem «Projekt Gutenberg-DE».)
Ein Abriss der deutschen Geistesgeschichte durch einen ihrer großen Vertreter, in der Mendelssohn ein bedeutender Platz zugewiesen wird. Heine sieht ihn – subjektiv stimmig, historisch unzutreffend – als den Mann, der den Talmud stürzte.
Goetschel, Willi: Spinoza's Modernity: Mendelssohn, Lessing, and Heine. Wisconsin 2004.
Ein Versuch, die Bedeutung und Verdrängung von Spinozas Denken in der deutschen Aufklärung nachzuweisen, als dessen wichtigste Vermittler der philosophisch versierte Autor Mendelssohn, Lessing und Heine begreift.

Mendelssohns Krankheit

Bloch, D[octor] M[arcus] E[lieser]: Medicinische Bemerkungen. Nebst einer Abhandlung vom Pyrmonter-Augenbrunnen. Berlin 1774, S. 60–71.
Mendelssohns Krankengeschichte aus der Sicht des behandelnden Arztes.
Jütte, Robert: Moses Mendelssohn und seine Ärzte. In: Jüdische Welten. Juden in Deutschland vom 18. Jahrhundert bis in die Gegenwart, hg. von Marion Kaplan u. Beate Meyer. Göttingen 2005, S. 157–176.
Eine Schilderung von Mendelssohns Krankheit aus der Sicht eines modernen Medizinhistorikers, der dabei, im Sinne seiner Wissenschaft, von «retrospektiver Diagnostik» absieht.

Elektronische Medien

Angaben zu Netz-Adressen sind stets Momentaufnahmen. Netz-Adressen können sich kurzfristig verändern oder ausfallen.

http://www.hab.de/forschung/projekte/mendelssohn/mendelssohn-publikationen.htm
Das Inhaltsverzeichnis der Mendelssohn-Jubiläumsausgabe mit Hinweisen auf die noch zu erscheinenden Bände.
http://stabikat.staatsbibliothek-berlin.de/
Der elektronische Bibliothekskatalog der Staatsbibliothek Berlin, in dem alle Teile der Sammlung Hermann M. Z. Meyer (aller-

dings nicht gesondert) aufgeführt sind.

http://chadwyck-pao.ub.uni-frankfurt.de/login
Registrierung und Einloggen bei «Periodical Archives Online», wo Michael Albrecht, «Moses Mendelssohn. Ein Forschungsbericht, 1965 – 1980», in: «Deutsche Vierteljahrsschrift für Literaturwissenschaft und Geistesgeschichte LVII (1983)», S. 64 – 159, zu finden ist. Kann unter anderen Netzadressen auch über angeschlossene Computer größerer Bibliotheken und Fachinstitute eingesehen werden.

http://www.uni-stuttgart.de/ndl1/mendelssohn.htm
Von Mathias Müller erstellte, weiterführende «Bibliographie der Sekundärliteratur zu Moses Mendelssohn (Jan. 1970 – Jan. 1995)», auf die bereits unter «Bibliographie» hingewiesen wurde.

http://www.ub.uni-bielefeld.de/diglib/dohm/ueber/
«Über die bürgerliche Verbesserung der Juden» von Christian Wilhelm Dohm, digitalisiert im Internet.

http://www.ub.uni-bielefeld.de/diglib/aufklaerung/index.htm
«Retrospektive Digitalisierung wissenschaftlicher Rezensionsorgane und Literaturzeitschriften des 18. und 19. Jahrhunderts aus dem deutschen Sprachraum» durch die Universität Bielefeld. Net-Zugang zu den wichtigsten Zeitschriften der Aufklärung mit sämtlichen Artikeln von und über Mendelssohn. Die Benutzung ist einfach, Suchfunktionen und Index liegen vor.

http://www.compactmemory.de
Ein Internetarchiv, in dem jüdische Periodika in deutscher Sprache aus dem 18., 19. und 20. Jahrhundert erschlossen sind. Eine Fundgrube von Artikeln zu Mendelssohn, zur jüdischen Aufklärung und zur deutsch-jüdischen Geistesgeschichte.

http://dz-srv1.sub.uni-goettingen.de/cache/toc/D66088.html
Die Digitalisierung der «Göttingischen Anzeigen von gelehrten Sachen» (1753 – 1801) durch das «Göttinger DigitalisierungsZentrum» (GDZ), das auch andere historische Publikationen, darunter auch «Salomon Maimon's Lebensgeschichte», für das Internet erschließt.

http://gutenberg.spiegel.de/index.htm
Das auf der Spiegel-Homepage zu findende Projekt «Gutenberg-DE», das viele schwer zu ermittelnde Werke deutscher Autoren über das Internet zugänglich macht, darunter Mendelssohns *Phädon.*

http://books.google.com/
«Google-Books», wo Schriften von und über Moses Mendelssohn digitalisiert sind, teilweise als abrufbare Pdf-Dateien. Darunter: *Morgenstunden* von 1786, *Kleine philosophische Schriften* von 1819, die *Gesamtausgabe* von 1843 (in Arbeit), die englische Übersetzung von *Jerusalem* durch M. Samuels von 1838 sowie die Kayserling-Biographie von 1862.

http://www.jewishencyclopedia.com
Die zwölfbändige «Jewish Encyclopedia» von 1901 bis 1906 vollständig im Internet. Mit zahlreichen kundigen Artikeln auch zu entlegenen Biographien und Sachfragen.

http://www.bautz.de/
Das «Biographisch-Bibliographische Kirchenlexikon» des Traugott Bautz Verlags. Mit näheren Informationen zu Mendelssohns Gegnern wie Lavater und Jacobi.

http://people.freenet.de/miscellanea/Mendelssohn_Titel.htm
Eine von einer «Chris» liebevoll eingerichtete Mendelssohn-Web-

page von 2002 (die Links sind nicht mehr alle aktuell).

http://www.panwitz.net/person/
Die im Aufbau befindliche elektronische Mendelssohn-Enzyklopädie von Sebastian Panwitz mit Kurzbiographien der Familie Mendelssohn und vielen aktuellen Links.

http://www.mmz-potsdam.de/1024/index.htm
Homepage des 1992 gegründeten Moses Mendelssohn Zentrums für europäisch-jüdische Studien (MMZ), das u. a. Veranstaltungen zu Moses Mendelssohn organisiert. Mit Links zu weiteren, dem Zentrum verbundenen Instituten.

http://www.mendelssohn-gesellschaft.de/
Homepage der 1967 von der Enkeltochter Sebastian Hensels, Cécile Lowenthal-Hensel, gegründeten Mendelssohn-Gesellschaft mit Verweisen auf deren Aktivitäten und die von ihr herausgegebenen «Mendelssohn-Studien».

Elektronische Stadtansichten

Google Earth

«Heidereutergasse, Berlin» eingeben und beachten, dass der kleine Durchbruch zur Spandauerstraße Richtung Marienkirche vorverlegt wurde. Am hinteren Rand des modernen Innenhofes führt er an den im Schatten liegenden Fundamentresten der alten Synagoge vorbei. Die Heiliggeistkirche liegt an der «Spandauerstraße 3», Mendelssohns Wohnhaus befand sich rechts unterhalb der Angabe «B5» bei eingeschaltetem Straßenverzeichnis.

http://www.berliner-stadtplan24.com/?
Aktueller Berliner Stadtplan mit Suchfunktion.

Namen-register

Die kursiv gesetzten Zahlen bezeichnen die Abbildungen.

Über den Autor

Stephen Tree, geb. 1949, in der Schweiz aufgewachsen, seit 1976 in Berlin. Nach Besuch der Regieklasse der Schauspielakademie Zürich Regieassistent und Dramaturg in Bielefeld und an der Schaubühne Berlin; seit 1980 freier Regisseur, Funkautor und Übersetzer. Verfasser der 2004 beim Deutschen Taschenbuch Verlag erschienenen Biographie «Isaac Bashevis Singer».

Dank

Diese Arbeit hätte so nicht entstehen können ohne die großzügige Unterstützung von Dr. Gerhard Hoffmann, der mir dafür seine private Judaica-Sammlung zur Verfügung stellte. Mein Dank gilt weiterhin Dr. Channah Maayan vom Hadassah-Spital, Jerusalem, Israel, die sich als Spezialistin für Familiäre Dysautonomie eingehend mit Mendelssohns Krankheitssymptomen auseinandersetzte, sowie Prof. Dr. Maoz Azaryahu von der Universität Haifa, Jürgen Hülsmann von der Öffentlichen Bibliothek Aachen, den Mitarbeitern der Bibliothek der Jüdischen Gemeinde zu Berlin, meiner Lektorin Barbara Hoffmeister und meiner Frau Flóra Tree.

Quellennachweis der Abbildungen

akg-images, Berlin: Umschlagvorderseite, 100, 119
Courtesy of the Leo Baeck Institute, New York. Dauerleihgabe an das Jüdische Museum Berlin: 1+3
Jüdische Gemeinde zu Berlin: 6 (Foto: David Bers)
Aus: Moses Mendelssohn. Der Mensch und das Werk. Zeugnisse, Gespräche. Hg. von Bertha Badt-Strauss. Berlin 1929: 10
Aus: Denkmal der Freundschaft. Stammbuchblätter und Widmungen von Moses Mendelssohn. Ausgewählt und hg. von Fritz Bamberger. Berlin 1929: 13
Bildarchiv Preußischer Kulturbesitz, Berlin: 16, 17 (Kupferstichkabinett, Staatliche Museen zu Berlin/Top A Berlin Buch Sign. 2131; Foto: Jörg P. Anders), 21 (Staatsbibliothek zu Berlin, Preußischer Kulturbesitz, Kartenabteilung, Y 55 390), 29 (Nationalgalerie, Staatliche Museen zu Berlin; Foto: Jörg P. Anders), 54+55 (Kupferstichkabinett, Staatliche Museen zu Berlin; Foto: Jörg P. Anders), 57 (Staatsbibliothek zu Berlin, Preußischer Kulturbesitz, Handschriftenabteilung), 74, 99; Staatsbibliothek zu Berlin, Preußischer Kulturbesitz, Musikabteilung mit Mendelssohn-Archiv: 38 (MA-Nachl. 4,21), 67 (MA Depos. MG Fot 5), 98, 122 (168 386 DHB MA), Umschlagrückseite oben (MA BA 270), Umschlagrückseite unten (MA Ep. 507)
Landesarchiv Berlin: 26/27, 49
Städtisches Museum Trier: 28 (III.602; Foto: Bernhard Matthias Lutz)
Kunstbesitz der Universität Leipzig: 31
Aus: JubA 24, S. 12, 13: 44 (Privatbesitz New York), 45 (Privatbesitz; Foto: Jürgen Hohmuth)
Herzog August Bibliothek Wolfenbüttel: 51 (Vc 81), 81 (Za 74), 88 (P I 14495), 95 (Besucherbuch HAB 1. November – 21. Dezember 1777), 120 (P I 6601 a), 130 oben (Gv Kapsel 2 [21])
Aus der ehem. Preußischen Staatsbibliothek zu Berlin, gegenwärtig in der Jagiellonen Bibliothek, Krakau: 53 (Varnhagen-Sammlung 121: Moses Mendelssohn), 135 (Autographa-Sammlung: Moses Mendelssohn)
Stadtmuseum Berlin: 56 (VII 63/558 W)
Historisches Museum Hannover: 59
Zentralbibliothek Zürich: 61
Collection of the Judah L. Magnes Museum, Berkeley, Cal.: 63
Collection The Israel Museum, Jerusalem. Dauerleihgabe an das Jüdische Museum Berlin: 79 (2)
Privatbesitz: 83 (Foto: Ralf Korte)
Jüdisches Museum Berlin: 85 (Foto: Jens Ziehe)
Aus: JubA 15,2, S. 3: 87
Aus: JubA 24, S. 32: 97 (Privatbesitz)
Das Gleimhaus, Halberstadt: 102
Jüdisches Museum Prag: 107 (125.499)
Niedersächsisches Landesarchiv-Staatsarchiv Wolfenbüttel: 126 (242 N 381 [Nr. 27]; Foto: Chr. Treptow-Göse)
Aus: JubA 24, S. 131: 130 unten
Aus: Hame'asef (Der Sammler), Tamus 5546 (Juni 1786): 146

Trotz sorgfältiger Recherchen konnten nicht alle Rechteinhaber ermittelt werden. Der Verlag ist bereit, berechtigte Ansprüche in üblicher Weise abzugelten.